Bauer sucht Kultur

Bauer sucht Kultur

Herausgegeben von
Christine Thalmann und
Liane von Pein

Inhalt

Von Fröschen
und anderen Künstlern

Ein Vorwort
von Dieter Moor

Dieses Auto ist ein Star. Wo immer wir mit unserem »Fröschlein«, dem grünen VW 1600, Baujahr 1968, auftauchen, werden wir angesprochen. Kommen Menschen auf uns zu und fragen: Ist das nicht das Auto aus dem Fernsehen? Aus dieser Reihe »Bauer sucht Kultur«? Und nachdem wir bejaht haben, kommt meist gleich: »Und zu wem wollt ihr? Wen besucht ihr hier bei uns?«

Keine Frage, das grüne Auto ist längst genauso populär wie die Sendung. Wenn wir mit dem Fröschlein kommen, öffnen sich Menschen – prominente und nichtprominente – und erzählen. Es entwickeln sich Begegnungen und Gespräche und Situationen, die man nicht hätte planen können, wir empfinden sie als Geschenke.

Vier Wochen sind wir jeden Sommer unterwegs. Vier Wochen fahren wir kreuz und quer durch Brandenburg, manchmal buchstäblich von Sonnenauf- bis Sonnenuntergang. Über bilderbuchhafte Alleen, holprige Landstraßen und wenn's sein muss auch staubige Feldwege. Manchmal leistet sich das »Fröschlein« einen kleinen Warnstreik, springt nicht mehr an oder beschließt, mitten auf einer Kreuzung den Dienst zu quittieren. Aber noch nie hat es uns ernsthaft im Stich gelassen, spätestens am nächsten Morgen steht es wieder bereit. Und

macht sich mit uns auf die Suche nach Menschen, die etwas bewegen: Die Bücher schreiben oder Lieder, die Filme machen, Bilder malen, neues Leben in alte Gemäuer bringen oder sich einfach einmal die Woche zum »Cowboy-Line-Dance« treffen. Menschen, die *Kultur* machen: Was für ein hochtrabendes Wort für etwas, das man überall finden kann.

Die Idee zu der Reihe »Bauer sucht Kultur« ist aus eben jenem Wunsch entstanden, für Kultur zu begeistern. Es war in dem Jahr, in dem ich anfing, für die ARD »titel, thesen, temperamente« zu moderieren. Am Rande eines Redaktionstreffens habe ich die Redakteurinnen aus Berlin, Liane von Pein und Christine Thalmann, kennengelernt. Zusammen einte uns der Wunsch, Kultur erlebbar zu machen,

Von Fröschen und anderen Künstlern

Von links
nach rechts:
Alexander Seidenstücker, Kameramann;
Martin Michaels, Ton/Kamerassistent;
Anna Bilger, Autorin; Stefan Mathieu, Produzent;
Florian Henke, Ton/Kameraassistent;
Christine Thalmann Autorin/Redakteurin;
Katharina Maus, Produktion; Liane von Pein, Redakteurin;
Benedikt Sicheneder, Kameramann; Norbert Kron, Autor

anzustecken mit unserer Leidenschaft, Kultur zu zeigen, wo sie kaum jemand vermutet. Schnell haben wir ein Konzept geschrieben, und schon wenige Monate später hatten wir die Chance, eine erste Folge zu drehen. Anfangs waren die Kritiken ernüchternd. Von einer »Dauerwerbesendung« für Brandenburg war da die Rede. Die märkische Sandbüchse hätten wir dargestellt wie den südfranzösischen Teil der kalifornischen Toskana. Aber eins will ich hier mal verraten – so wie wir es in unserer Reihe zeigen, so erleben wir Brandenburg.

Seit vier Jahren sind wir nun unterwegs. Und in diesem Buch haben wir einige unserer denkwürdigsten Begegnungen aufgeschrieben: Die Kajak-Tour mit dem Schauspieler Jörg Schüttauf über die Wublitz zum Beispiel, den Besuch bei dem Regisseur und Oscar-Preisträger Volker Schlöndorff in Babelsberg, der in einem Haus lebt, in dessen Garten früher ein Wachturm der deutsch-deutschen Grenze stand. Oder den Ausflug mit der Schauspielerin und Sängerin Anna Loos in ihre Heimatstadt Brandenburg, der zugleich zu einem Abstecher in ihre Kindheit wurde. Es waren Begegnungen, bei denen das zustande kam, was wir inzwischen diesen »Bauer-sucht-Kultur-Moment« nennen: Wenn Menschen die Kameras vergessen und von sich erzählen, von dem, was sie bewegt und geprägt hat, was sie umtreibt und antreibt. Vielleicht liegt es an der Landschaft, in der wir uns meist bewegen, vielleicht am wunderbaren Sommerlicht, das wir (toitoitoi) oft erwischen, vielleicht daran, dass wir – wie es der Drehbuchautor Wolfgang Kohlhaase einmal zu unserem großen Stolz formulierte – wirklich etwas wissen wollen. Ein aufrichtiges Interesse haben. Neugierig sind.

Das »wir«, zu dem wir uns jedes Jahr vier Wochen lang zusammenfinden, das sind das grüne Auto, die Tonleute, Kameraassistenten, Kameramänner der Produktionsfirma Kobalt aus Berlin, das ist auch Marek Weinhold, der jede Folge »Bauer sucht Kultur« schneidet, und das sind Autoren wie Anna Bilger, Tim Evers, Norbert Kron, Christine Thalmann und ich. Spätestens wenn sich unsere kleine Kolonne

von meinem Hof in Hirschfelde in Bewegung setzt und draußen die Alleebäume vorbeiziehen, stellt es sich wieder ein, dieses »Bauer sucht Kultur«-Roadmovie-Feeling. Wir sind endlich »on the road again«, wie Willy Nelson zu einer anderen Zeit in einem anderen Land einmal sang: Auf der Suche nach Menschen, nach Geschichten und nach einem guten Gedanken, der bleibt. Für die Heimfahrt und darüber hinaus.

Und wenn uns auf dem nächsten Rastplatz, wo wir unsere aus Zeitnot ausgefallenen letzten drei Pausen in der gebotenen Kürze nachholen, jemand fragt: Ist das nicht das Auto aus dem Fernsehen? Sagen wir stolz: Ja!

»Ich will das Buch schreiben, das kein anderer für mich schreibt«

Auf dem Bauernhof
von Karen Duve

Wenn sich Brandenburg ein bisschen wie das Voralpenland anfühlt, wenn sich die Straßen über Hügelkuppen aufwärts winden, herrliche Blicke auf bezaubernde kleine Täler freigeben, um sich dann hinab in dunkle Waldschneisen zu ziehen, dann ist man in der Märkischen Schweiz. Tatsächlich sehen einige der malerischen Ortschaften hier mittlerweile genauso herausgeputzt aus wie oberbayerische Dörfer; die Schönheit der Landschaft und der Ruf, den gerade rund um Buckow einige Sehenswürdigkeiten genießen, haben den Tourismus stärker als in vielen anderen Ecken Brandenburgs angekurbelt.

Zu der Frau, die wir an diesem Tag besuchen, passt das eher nicht. Nicht nur weil sie Schriftstellerin ist, weil sie Ruhe und Abgeschiedenheit zum Arbeiten schätzt – sie ist auch sonst der Typ Mensch, der es natürlich, unprätentiös, ungekünstelt liebt. Genau das war auch ein Grund, warum sie aufs brandenburgische Land zog und nicht in die Stadt Berlin, nachdem sie in Schleswig-Holstein ihre Zelte abbrach, wo sie viele Jahre auf einem Bauernhof gelebt hatte. Auch hier, in der Märkischen Schweiz, soll sie sich nun eine Art Bauernhof zum Wohnen ausgesucht haben. Während wir über die gewellten Alleen auf das kleine Örtchen zufahren, das sie uns als Adresse genannt hat, merken wir, dass es auch in der Märkischen Schweiz noch völlig abgelegene und stille Dörfer gibt.

Eine Schotterpiste ist es, die uns schließlich zu ihrem Haus führt.

Nach einer dicken hohen Hecke zeigt sich ein Gartentor, daneben steht ein kleines Blockhaus, das offenbar als Hühnerstall dient. Ein einzelnes Huhn stolziert davor auf und ab.

Karen Duve kommt uns bereits entgegen, sie ist eine große, herzlich lachende Frau, die Jeans trägt und ein blaues Leinenhemd. Schon bei der Begrüßung verrät ihr kerniger, burschikoser Tonfall, dass sie in Hamburg aufgewachsen ist.

»Das ist Rudi«, stellt sie uns das Huhn vor. »Die anderen Hühner sind im Moment alle unterwegs.«

Wir betrachten schmunzelnd das Huhn, das uns irritiert beäugt, aber vor unseren Kameras keine Scheu zeigt.

Was hat Karen Duve nun eigentlich bewogen, hierher zu ziehen?

»Ich habe acht Jahre auf meinem Hof in Schleswig-Holstein gelebt und habe die ganze Zeit an dem Haus gebaut. Dann war es fertig. Das ist wie bei einer Märklin-Eisenbahn. Wenn sie fertig gebaut ist, macht es einfach keinen Spaß mehr.«

Dabei lacht sie trocken – so dass wir dahinter doch noch einen anderen Grund vermuten.

»Ja, es war eigentlich der Liebe wegen«, gibt sie zu. Setzt aber nach, »ich wäre der Liebe wegen nicht in die Nähe von Düsseldorf gezogen.«

Dafür musste es unbedingt wieder ein Bauernhof sein. Nur – wie findet man den richtigen?

»Übers Internet! Ich hatte bereits lange erfolglos gesucht und dann mein anderes Haus verkauft. So blieben noch zwei Monate Zeit, um ein neues zu finden. Ich habe mir rund um Berlin alles angeguckt und fand die Märkische Schweiz einfach am schönsten.«

Und dann zeigt sie uns ihr neues Reich, macht mit uns einen Rundgang durch den Garten. Das Haus, in dem sie wohnt, sieht gar

nicht nach einem klassischen Bauernhof aus, sondern wirkt eher wie ein normales Einfamilienhaus. Es ist schmuck renoviert und scheint keiner weiteren Baumaßnahmen zu bedürfen. Man könnte befürchten, dass Karen Duve bereits wieder kurz vor dem Absprung von hier steht. Doch die Freude, mit der sie uns herumführt, rund um den kleinen Teich, an dessen Rand Frösche sitzen, lässt keinen Zweifel daran, wie heimisch sie sich hier fühlt. Dann führt sie uns zu der großen Scheune, die als Stall für ihre beiden Maultiere dient. Einen Hund hat sie auch – und dann natürlich ihre Hühner, denen wir jetzt auf Schritt und Tritt begegnen. Die hat sie aber nicht aus Schleswig-Holstein mitgebracht, nein, sie hat sie alle »geklaut«, wie sie sagt, beziehungsweise »befreit«. Tatsächlich ist sie in Legebatterien gegangen und hat einige der Tiere, die dort eingepfercht unter tierverachtenden Bedingungen dahinvegetierten, in die Freiheit eines normalen Hoflebens entführt.

Und damit sind wir bei dem Thema, mit dem Karen Duve und ihr Hof es zu einiger Berühmtheit gebracht haben. Sie hat als Schriftstellerin schon manchen Erfolg gefeiert, hat gleich mit ihrem Erstling »Regenroman« bei Kritikern wie Lesern großen Anklang gefunden, hat Kinderbücher geschrieben und einen Erzählband mit Taxigeschichten aus Hamburg. So neugierig und entschieden sie sich immer wieder neue Genres vornimmt, so radikal ging sie auch das Buchprojekt an, das sie hier auf ihrem Hof umsetzte.

Sie nahm sich vor, ein halbes Jahr lang »anständig zu essen«, also allen industriellen Nahrungsmitteln und Produkten aus der Massentierhaltung zu entsagen und immer striktere, konsequentere Ernährungsformen zu erproben. Zuerst verzichtete sie auf Fleisch, dann auf alle tierischen Produkte, aß dann sogar nur noch Früchte. Der Selbsterfahrungsbericht, den sie darüber geschrieben hat, »Anständig essen«, avancierte zu einem fulminanten Bestseller, ihrem bisher erfolgreichsten Buch.

Wir lassen uns auf der kleinen Weide neben dem Stall nieder, rechts grenzt ein Nachbargrundstück an, im Hintergrund öffnet sich die Weite eines riesigen Kornfeldes. Das größere der beiden Maultiere kommt neugierig interessiert und schaut zu, wie wir die Kameras gleich hinter dem Zaun aufbauen. Kaum hat Karen Duve sich an dem kleinen Gartentisch niedergelassen, stellt sich das Maultier mit seinem Hintern genau ins Bild. Wir müssen also die Kameras noch einmal umständlich umbauen, ehe uns die Schriftstellerin endlich erzählen kann, wie sie heute – nach ihrem Ernährungsexperiment – lebt.

»Ich hatte mir eigentlich nicht vorgenommen, Vegetarierin zu werden, sondern das Fleischessen auf zehn Prozent runterzufahren. Ich wollte nur noch ein Zehntel des Fleisches und der Milchprodukte essen, die ich vorher gegessen habe. Aber dann habe ich plötzlich gemerkt, es geht nicht mehr.«

Sie erklärt, was damit gemeint ist. »Im ersten Moment schmeckte es mir noch genauso toll, wie ich mir das vorgestellt hatte. Aber direkt danach«, beginnt sie zu erzählen – worauf sich schon wieder das Hinterteil des Maultiers ins Bild schiebt und Karen Duve verdeckt. Wir locken, beschwören das Tier, aber es hilft alles nichts, es will einfach im Mittelpunkt stehen.

Uns bleibt nichts anderes übrig, als noch einmal umzubauen und den Tisch auf die andere Seite des Hauses zu tragen. Endlich kann uns die Autorin in Ruhe erzählen, warum sie heute wirklich völlige Vegetarierin ist: »Ich wusste einfach zu viel. Ich habe zu viel darüber nachgedacht. Ich kann damit leben, wenn andere Menschen Tiere, die sie vorher gut gehalten haben, schlachten. Aber ich finde es schlimm, wenn andere Leute Tiere so behandeln, wie sie bei uns üblicherweise behandelt werden.«

Es ist also vor allem auch eine moralische Frage, die sie in ihrem Buch »Anständig essen« bewegt. Es geht ihr nicht um gesunde Ernährung, sondern darum, dass die Herstellung von Lebensmitteln im Einklang mit der Natur ist und dem Tierschutz entspricht. Wer sich so intensiv mit unserer Welt der globalen Lebensmittelindustrie auseinandersetzt, kann vermutlich schnell verzweifeln. Vielleicht findet man seinen eigenen »anständigen« Weg und kann irgendwann sagen: Sollen die anderen doch tun und essen, was sie wollen.

»Es ist eigentlich eher umgekehrt. Mir ging es nie darum, zu sagen: Ich bin jetzt die Gute, mein Gewissen ist rein. Nein, mein Gewissen ist nicht rein, ich weiß auch, wo ich meine schwarzen Seiten habe. Mir geht es wirklich darum, dass ich das ganz schwer ertragen kann, auf welche Art und in welchen Mengen Tiere bei uns gefoltert und gequält werden. Immer zu wissen, dass jetzt wieder ein Schwein bei lebendigem Leib verbrüht wird. Das ist fürchterlich.«

Sie hat also eine wirkliche Mission, ein Anliegen, das sie an uns Leser weitergeben will. Das mag in den Feuilletons gut ankommen – aber hier in ihrem Dorf? Wie finden denn die Nachbarn das?

»Da habe ich nicht so genau nachgefragt. Ich halte mich auch zurück, ich bin nicht ununterbrochen am Missionieren. Man kann den Leuten ganz schwer beibringen, irgendetwas zu begreifen, wenn das Begreifen bedeutet, dass sie hinterher weniger im Portemonnaie haben. Wenn mich jemand fragt und direkt auf das Thema anspricht, gebe ich schon die entsprechende Antwort, ich verstelle mich nicht. Aber ohnehin sind hier auf dem Land viele Menschen der Meinung, dass Tiere in Massentierhaltung nicht okay sind. Und die Menschen sind sehr nett und offen – ich weiß gar nicht, ist das der Brandenburger an sich oder ist das nur so in meinem Dorf?«

Bei aller Liebe zum Landleben – eigentlich ist sie ja Hamburgerin und an die Großstadt gewöhnt. Vermisst sie das Großstadtleben nicht, die ganze Kulturszene? »Sehr«, gesteht sie und verrät uns, dass sie natürlich immer wieder nach Berlin fährt, um Kultur zu tanken. Aber auch hier in der Märkischen Schweiz hat sie ihre Kulturorte entdeckt. Nicht nur das Kino in Buckow, das sie sehr liebt.

»In Ihlow gibt es ein ganz tolles Riesenantiquariat in einer Scheune, mit Büchern bis an die Decke. Da knie ich dann irgendwo und stapele die Bücher um.« Ein Antiquariat in einer Scheune? Das klingt nach einem Ort, der wie für unsere Entdeckungsreise ins Brandenburger Land gemacht zu sein scheint.

Karen Duve ist ein Mensch, mit dem man buchstäblich Pferde stehlen kann – oder zumindest, wie wir erfahren haben, Hühner. Da ist ein kleiner gemeinsamer Ausflug in eine Scheune mit Büchern ein Klacks für sie. Im Nu sitzen wir im Auto und fahren durch gelb leuchtende Felder in das zehn Minuten entfernte Nachbardorf, das die Spätnachmittagssonne mit einem dunstigen Glanz überzieht. Die still liegenden Gehöfte, der Dorfteich, die Weiden – alles ist von einer goldenen Firnis überzogen, leuchtet in einer märchenhaften Ruhe. Ein paar Kinder springen auf der Sandstraße davon, als wir in den Hof mit

der Bücherscheune einbiegen, Schwäne mit blendend weißen Hälsen schauen uns hinterher.

Wir steigen aus, gehen auf die Scheune zu, deren Vorderseite aus einer hohen Fensterfront besteht, durch die man im Sonnenlicht bereits die bis unter das Dach reichenden, aus allen Nähten platzenden Bücherregale leuchten sieht. Drinnen begrüßt uns ein schlanker Mann. Es ist Frank Witte, der Antiquar, der vor einigen Jahren das Wagnis eingegangen ist, hier draußen in der Einöde ein ehemaliges bäuerliches Strohlager in einen Speicher des gedruckten Wortes zu verwandeln.

»Ich empfinde es nicht so sehr als Einöde. Wir sind auch nicht so weit draußen«, sagt er lachend. »Die Geschichte ist einfach. Ich hatte früher ein Antiquariat in Berlin. Nachdem wir aufs Land gezogen sind, wollten wir nicht mehr die ganze Zeit so weit fahren müssen.«

Wir blicken noch immer staunend in die Regalfluchten. Der Drang, sich umsehen zu wollen, ist unwiderstehlich.

»Nur zu«, freut sich Witte, »so lange Sie wollen!«

Es gibt kaum etwas, das es hier nicht gibt. Wo sich einst Stroh bis unters Dach stapelte, stehen nun Shakespeare, Brecht, Kästner, Hemingway, Schiller in vielfältigen, leicht abgegriffenen alten Ausgaben oder Taschenbüchern. Dazu kommen Biografien, Sachbücher, Bildbände. Einiges steht auf flachen Austelltischen zum Schmökern bereit, und die sind es, die wir gemeinsam mit Karen Duve umkreisen. Natürlich wollen wir jetzt von ihr wissen, wie sie eigentlich zum Schreiben gekommen ist – wie sie ihre Liebe zu den Büchern entdeckte.

»Das war relativ spät. Ich habe Bücher als eine Art Fluchtmittel entdeckt. Ich bin da reingerutscht, weil ich die Welt immer schon als schwer erträglich empfunden habe. Deswegen war ich auch gar nicht so ein Qualitätsleser, sondern habe erstmal so alles weggefressen, was mir irgendwie in die Finger kam. Ich war damals Taxifahrerin, und die andcren Taxifahrer sammelten Bücher. Die hatten Zeit zum Lesen. Und die haben auf mich eingewirkt und gesagt: das und das musst du lesen!«

Das, vermutet Duve, war auch der Auslöser für ihr eigenes Schreiben. »Ich hatte immer ganz viele Graupen im Kopf: diese wahnhafte Vorstellung, irgendwie kreativ sein zu müssen. Ob Schauspielerin werden oder Filme machen. Aber ich habe irgendwann gemerkt, dass ich doch ein Einzelgänger bin und etwas von einem Eremiten habe. Mit dem Schreiben ist es ein bisschen wie beim Sport mit dem Joggen. Du brauchst da nicht viel dafür. Damals brauchtest du nur eine Schreibmaschine. Tatsächlich bin ich in dieser Hinsicht noch so ein Dinosaurier, der auf der Schreibmaschine angefangen hat – mit Dinosaurierpfoten und ganz viel Tippex.«

Ein wunderbares Bild. Wer sich selbst noch an die Zeit erinnern kann, wie es war, Briefe und Studienarbeiten auf der Schreibmaschine zu tippen und bei jedem Tippfehler fluchend zum Tippex zu greifen, um das Ganze in buchstäblicher Handarbeit zu bereinigen, bekommt eine noch deutlichere Vorstellung davon, wie die junge Schriftstellerin damals ihre ersten Versuche auf dem Gebiet der Literatur unternommen hat. Was treibt sie heute an? Ist es immer noch eine Art fixe Idee, unbedingt kreativ zu sein? Ist es vor allem die Freude am Formulieren oder eher die Botschaft, die sie der Welt mitteilen will?

»Ich will das Buch haben. Ich will, dass es diese Art von Buch gibt, das kein anderer für mich schreibt. Damit dieses Buch existiert, muss ich es irgendwie selber schreiben. Der Weg dahin ist fürchterlicher Quälkram.«

Ein schönes Wort: Quälkram. Also alles andere als ein Honigschlecken, wie man es sich im romantischen Klischee vom erfolgreichen Schriftsteller vorstellt, dem die Bücher nur so aus der Hand fließen …

»Ich habe weite Wege bei mir im Haus – und deshalb sehe ich beim Schreiben immer zu, dass ich durch das ganze Haus rennen muss, wenn ich ein Glas Wasser oder etwas anderes hole. Ich mache das immer in abwechselnden Intervallen: Halbe Stunde schreiben, dann Pferde füttern oder mit dem Hund gehen. Bis ich irgendwann merke, jetzt bin ich drin, jetzt kann ich keine Unterbrechung mehr gebrauchen. Dann stehen die Hühner nachher da, sind sauer und sagen: ›Wo war denn das Wasser und das Futter?‹ Und ich sage dann«, sie hebt mit trockener Ironie die Schultern, »das ist das Schicksal eines Huhns, das bei einem Schriftsteller wohnt‹.«

Es ist Zeit aufzubrechen. Wir haben den Ausflug in die Bücherscheune sehr genossen, auch, weil wir Karen Duve viel über die verborgene Welt einer Erfolgsautorin auf dem Land entlocken konnten. Als wir uns vom Antiquar verabschieden, hat sie auf einmal einen Bildband unter dem Arm, den sie offenbar mitnehmen möchte. »Museum der Bildenden Künste Leipzig« steht darauf, ein Band zur Bildersammlung des Museums. Sie lacht und sagt zur Erklärung, dass ihr dieser Band genau recht käme für die Recherche zu ihrem neuesten

Buch. Aber worüber sie genau schreiben wird, verrät sie uns nicht. Und
so bleibt uns nichts anderes übrig, sie nach Hause zu bringen, uns zu
bedanken – und gespannt auf ihr nächstes Buch zu warten.

Norbert Kron

»Besser kann's nicht gehen im Leben!«

In Eisenhüttenstadt
mit Paul van Dyk

Wir sehen die riesigen Schlote schon von weitem. Daneben stählerne Kolosse, verbunden mit dicken Rohren: Hochöfen, in denen noch heute Stahl gekocht wird. Wir fahren hinein in die erste sozialistische Stadt der DDR, komplett am Reißbrett geplant, rund um das ehemalige *Eisenhüttenkombinat Ost (EKO)*. Damals, 1950, taufte man sie Stalinstadt. Heute heißt sie Eisenhüttenstadt. Noch immer ist hier der geplante Sozialismus erkennbar: Plattenbauten, Wandbilder und diese ungeheure dampfende, brodelnde Fabrik am Rand der Stadt.

Wir sind verabredet mit einem Sohn dieser Stadt, der auf der ganzen Welt bekannt ist. Mehrfach ist er als bester DJ des Planeten ausgezeichnet worden: Paul van Dyk. Hier ist er geboren und hat die ersten Jahre seines Lebens verbracht. Wir wollen wissen, wie sehr ihn diese Stadt und seine DDR-Biografie geprägt haben. Unser Treffpunkt ist das Friedrich-Wolf-Theater auf der ehemaligen Prachtstraße von Eisenhüttenstadt, der Leninallee, heute Lindenallee. Vor dem Theater ist allerdings niemand zu sehen …

Es kommt ein schnittiger, schwarz-glänzender Sportwagen mit zwei chromblitzenden Auspuffrohren und einem Motor, der nach einer ganzen Herde starker Pferde klingt.

Heraus steigt Paul von Dyk und scheint so gar nicht zu diesem Auto zu passen: ein schmaler, jugendlicher Mann, der keinerlei Allüren hat. Er mag der beste DJ der Welt sein, mit einem der größten Flugmeilenkonten Deutschlands: Hier schüttelt er jedem die Hand, lächelt schüchtern in die Runde und scheint Lust zu haben auf diesen Tag und diese Reise in seine Vergangenheit.

Selten ist er in den vergangenen Jahren in Eisenhüttenstadt gewesen, aber wenn er mal kommt, ruft dieser Ort bei Paul van Dyk gleich einige Kindheitserinnerungen wach. Unweit von hier hat er sein allererstes Grillhähnchen gegessen. Als kleiner Junge lag er seiner Mutter danach immer wieder in den Ohren und wollte in die *Broilerbar*.

Paul van Dyk wird mit seinen Techno-Hymnen zu einem berühmten DJ. Er war bereits zweimal »DJ of the year« und hat den Verdienstorden der Stadt Berlin erhalten, wo er heute lebt. Doch begonnen hat alles hier – in Eisenhüttenstadt. Paul van Dyk lässt seinen Sportwagen stehen. Gemeinsam steigen wir ins grüne Auto, das zur Sendung gehört wie Dieter Moor, um ein paar Straßen weiter sein einstiges Wohnhaus anzuschauen.

Wir sehen einen Wohnblock, dunkelrot angestrichen, gepflegter Rasen davor. Paul van Dyk streckt den Arm aus und zeigt uns einen Balkon im ersten Stock. Dort hat er mit seiner Mutter und seinem Vater gewohnt. Gegenüber lag seine Schule. Wir schlendern in den Innenhof hinein, zwei Mädchen schaukeln auf dem Kinderspielplatz um die Wette, eine Frau hängt Wäsche auf. Auf einer Bank lassen wir uns nieder. Bis er sechs war, lebte Paul van Dyk mit seinen Eltern hier. Der Vater arbeitete beim *Eisenhüttenkombinat Ost* als Ingenieur. Auch der Sohn ist dort hin und wieder zu Besuch, mit der Schulklasse. »Für mich war das wie Science-Fiction in diesem Kombinat. Es hat gedampft, es hat gestunken, es war Metall. Es sah so aus, wie man sich letztendlich einen heruntergekommenen Planeten vorstellt.«

Doch seine Eltern trennen sich, seine Mutter zieht mit ihm nach Ostberlin, seinen Vater sieht er danach nur noch selten. Was ihn in

seiner Kindheit prägt, ob in Eisenhüttenstadt oder Berlin, ist das Radio, sagt Paul van Dyk. Wenn er sich damals hingesetzt habe, um die Hausaufgaben zu machen, dann lief immer das Westradio SFB. Eine seiner Lieblingssendungen: »SFBeat«. Er hört zu, singt mit. Ganz besonders interessiert ihn, wie die Bands und auch die Moderatoren der Sendung aussehen. »Das sind Erfahrungen, die haben natürlich ganz klar mit meiner DDR-Biografie zu tun.« Hätte er in einen normalen Plattenladen gehen und einfach alles kaufen oder die entsprechenden Zeitungen lesen können, hätte er heute wohl einen anderen Bezug zur Musik, meint Paul von Dyk.

Manches, was er uns erzählt, hat der weltberühmte DJ sicher schon in anderen Interviews preisgegeben, aber wir freuen uns dennoch mit ihm, hier zu sein und in seine Erinnerungen einzutauchen. Dieses jungenhafte Gesicht mit den großen blauen Augen und dem schüch-

ternen Lächeln … Es fällt nicht schwer, sich vorzustellen, wie er als kleiner Junge aussah.

In der DDR absolviert Paul van Dyk zunächst eine Ausbildung zum Facharbeiter für Nachrichtentechnik. Pünktlich zum Mauerfall ist er mit seiner Lehre fertig. Als er dann in seinem Beruf einen Job sucht, muss er allerdings feststellen, dass ihn keiner einstellen will. Die Technologie, die er in der DDR gelernt hat, ist 15 Jahre alt. Man hat ihm im Westen dann angeboten, er könne als Hilfsarbeiter anfangen und eine weitere Ausbildung machen, erzählt der DJ. Das ist für ihn keine Option.

Weil er bei seinem Opa früher oft im Keller mit Säge und Hammer gewerkelt hat, bewirbt er sich also für eine Ausbildung als Tischler. Dienstag angerufen, Mittwoch vorbeigegangen, Donnerstag konnte er anfangen. Dann aber kommt die Musik dazwischen und wird schließlich zum Beruf.

»Dann bin ich eben los und habe mit dem bisschen Geld, was ich in meiner Lehre verdient hab, Platten gekauft und Mixtapes für mich selbst gemacht.« Einer seiner Freunde reicht so ein Tape weiter – und Paul van Dyk hat sein erstes Engagement, gleich nach der Wende.

Mittlerweile hat er ein Dutzend Alben veröffentlicht, remixt Songs für Justin Timberlake, legt vor Tausenden von Menschen auf. Ständig ist er auf Reisen – und dabei immer hochprofessionell. Keine Drogen, keine Exzesse. Wenn er auflegt, dann ist Paul van Dyk ganz bei sich, er ist keiner, der hinter den Turntables auf und ab hüpfen oder ins Mikrofon brüllen würde.

Paul van Dyk ist sehr auf dem Boden geblieben und nennt sich selbst »unspektakulärer Freak«, das macht ihn nur sympathischer. Seit über zehn Jahren ist er verheiratet, lebt am Stadtrand von Berlin nah am Grünen und besitzt einige Pferde und zwei Beagles. Wann immer er Zeit findet, geht er mit den Tieren in den Wald.

Während wir reden und drehen, merken wir: Dieses kühle, schattige Plätzchen, das wir uns ausgesucht haben, gefällt auch einem Mückenschwarm. Unsere nackten Beine sind zerstochen, Paul van Dyk hat sich tapfer zurückgehalten, um nicht vor laufender Kamera um sich zu schlagen. Jetzt aber hat sich eine Mücke seine Stirn ausgesucht, um Blut zu saugen. Ein dicker Mückenstich beginnt zu schwellen.

Wir drehen noch einige Stimmungsbilder – und scherzen mit Paul van Dyk, dass wir ihn jetzt nur noch im Profil filmen können, um den Mückenstich verschwinden zu lassen. Er lacht mit und nimmt es gelassen.

Wir setzen unsere gemeinsame Tour fort, und Paul van Dyk führt uns nach Fürstenberg, einen kleinen Ort an der Oder, der erst 1961 eingemeindet wurde und nun als der alte Ortskern von Eisenhüttenstadt gilt. Unsere Karawane mit dem kleinen grünen Auto und dem Drehteam zuckelt Richtung Fluss; durch hübsche Gassen, vorbei an ein paar Fachwerkhäusern, offenbart sich ein schöner Blick vom Oder-Ufer auf das Städtchen. Beim Spaziergang an der Oder erfahren wir dann noch eine sehr persönliche Geschichte. Seine Mutter hatte für sich und ihren Sohn 1989 einen Ausreiseantrag gestellt, der schließlich bewilligt wird. »Meine Mutter hat diesen Ausreiseantrag gestellt, und ich habe tatsächlich keine Erinnerungen, dass ich das jemals infrage gestellt habe. Das war für mich einfach die logische Konsequenz aus dem, was in dem Staat DDR passiert ist oder vielmehr was nicht passiert ist.«

Unglaublich, aber wahr: eine Woche nachdem Paul van Dyk und seine Mutter ausreisen können, geschieht, was keiner für möglich gehalten hätte: Die Mauer fällt, die DDR ist Geschichte. Für seine Mutter ist das tragischer als für ihn, erzählt der DJ, schließlich habe sie in der DDR bereits einiges besessen, eine Waschmaschine, einen Fernseher. In Hamburg kommen sie mit zwei Koffern und einem Hund an – und müssen von vorne anfangen.

»Für mich war das ganz einfach nur Wahnsinn und Aufbruchstimmung, und ich bin natürlich auch relativ schnell zurück nach Berlin gegangen.« Er legt dann bald in Berlins angesagten Techno-Clubs auf, im Tresor und E-Werk. 1996 gelingt ihm der internationale Durchbruch. In Asien und Lateinamerika ist Paul van Dyk ein Star, er wird auf offener Straße um Autogramme gebeten. Den Vierzigjährigen macht das eher verlegen. Und so sagt er dann auch von sich, er sei nicht so sehr stolz auf das, was er erreicht habe. »Bei mir überwiegt eher dieses Gefühl des Dankbarseins. Ich meine, jeder der irgendetwas leidenschaftlich macht und die Möglichkeit hat, daraus einen Beruf zu machen, sollte dankbar sein. Ich glaube, besser kann's nicht gehen im Leben!«

Auch hier an der Oder sind uns leider die Mücken auf den Fersen – und so beschließen wir einen letzten Schlenker zu fahren, an den Helenesee, eine ehemalige Tagebaugrube, nur ein paar Kilometer von Eisenhüttenstadt entfernt. Wo auch heute noch Taucher das glasklare Wasser schätzen, hat Paul van Dyk die Sommer seiner Kindheit verbracht. Der See liegt spiegelglatt vor uns, ein einsamer Angler in

einem Ruderboot versucht sein Glück. Paul van Dyk und seine Mutter kamen oft und haben in den Ferien sogar hier gezeltet. Und was hat er hier als Erstes gemacht?

»Mami, Mami, darf ich ins Wasser? Ja! Na super!« Anschließend gab es Eis. Er lässt den Blick schweifen über den See und den feinen Sandstrand und lächelt sein zurückhaltendes Lächeln.

Langsam ist es Abend geworden, wir haben einen langen Tag zusammen verbracht. Der weltbekannte DJ hat etliche Anrufe auf seinem Mobiltelefon verpasst, und wir müssen uns auf den Weg zurück machen. Wieder lässt Paul van Dyk niemanden aus und verabschiedet sich von jedem mit Handschlag. Dann steigt er in seinen Sportwagen und lässt den Motor aufheulen. Wir wissen wie das gemeint ist – und winken ihm hinterher. *Anna Bilger*

34

»Das Leben ist eine aufregende Sache«

Zu Besuch bei Michael Gwisdek

Irgendwo in Brandenburg, ein typisches Straßendorf in der Schorfheide. Hier lebt der Schauspieler Michael Gwisdek mit seiner Frau Gabriela. Meterhohe Hecken verdecken sein Haus. Das Eingangstor ist zugewachsen, die Klingel hinter Hortensien versteckt. »Klingel defekt, bitte hupen«, steht auf einem Pappschild, das mit Reißzwecken an einem alten Holzbalken befestigt ist.

Also hupen wir anständig. Sekunden später bahnt sich Michael Gwisdek einen Weg durch das dichte Grün, so als hätte er nur auf ein Zeichen gewartet. Graues T-Shirt, helle Jeans, gepflegte Bartstoppeln – Michael Gwisdek ganz bei sich daheim. Er begrüßt uns überschwänglich, reicht jedem die Hand und erzählt nebenbei, dass seine Frau für uns gebacken hat. Käsekuchen mit viel Sahne – das ist nach seinem Geschmack.

Michael Gwisdek ist ein Mann, der große Gesten liebt, ja geradezu danach sucht – ein Schauspieler durch und durch. Ein einfaches Hallo reicht ihm nicht. Es muss schon ein Auftritt sein. Er mag es, Geschichten zu erzählen. Bevor wir irgendeine Frage stellen können, führt er uns wortreich durch sein Reich. Er zeigt uns ein Haus, das eher an eine moderne kalifornische Ranch als an ein brandenburgisches Bauernhaus erinnert. Viel Glas, viel Holz, viel Platz. Eine selbstgebaute Terrasse, ein selbstangelegter Teich. Die Terrasse und der Teich werden von gewagten Holzkonstruktionen überdacht. Der Himmel muss sich vorsehen, so kreuz und quer ragt das Stabwerk in die Höhe.

Für Gwisdek ergibt diese Konstruktion Sinn. Jeden Winkel, den Lauf jeder Strebe hat er festgelegt. »Als kleiner Junge habe ich immer gerne gesehen, wie die in Hollywood wohnen, und das wollte ich auch einmal haben«, sagt er schmunzelnd und fügt hinzu, dass es in seinem Fall vierzig Jahre gedauert hat, bis jeder Balken seinen Platz gefunden hatte.

Er bittet, uns diesen Winkel anzusehen, zeigt auf jenen Holzbalken und bleibt vor seinem Teich stehen. Darin schwimmen Kois in allen Farben – rot, golden oder auch mal blau. »Hollywood für Arme«, nennt er das. Während er spricht, verliert er plötzlich das Gleichgewicht und landet kopfüber im Teich. Rein zufällig natürlich. Ein Entertainer!

Das Wasser spritzt hoch bis an den Holzgiebel. Als der Kopf des Schauspielers wieder über der Wasseroberfläche erscheint, schnappt er nicht als Erstes nach Luft, sondern ruft den Kameramännern zu: »Habt ihr's laufen lassen?« Natürlich haben wir diese Szene gedreht. Seine Hoffnung hat sich erfüllt. »Als ich wieder hochkam und merkte, ich lebe noch, war meine einzige Sorge, dass ihr die Kamera vor Schreck ausgeschaltet habt.« Eitelkeit des Schauspielers nennt er das später und verschwindet erst einmal im Haus, um sich umzuziehen.

Als er zurückkommt, behauptet er, noch ein wenig unter Schock zu stehen. Doch das ist eine für Gwisdek typische Flunkerei. Im nächsten Moment erzählt er nämlich kraftvoll von seinem Leben und davon, wie er zu diesem Haus gekommen ist.

Schon als Kind fährt Michael Gwisdek von Berlin aus in die Schorfheide. Damals gehört seiner Tante das Haus, das er in den letzten Jahren aus- und umgebaut hat. »Weil ich immer am nettesten zu ihr war, habe ich das Haus gekriegt«, erzählt er und lächelt dabei. Als

Zweijähriger kommt er gemeinsam mit seiner Mutter, um die letzten beiden Kriegsjahre hier zu überstehen. Ihre Wohnung in Berlin ist ausgebombt. »Ich hatte immer eine Beziehung zu dem Haus und der Gegend. Ich war oft bei meiner Tante, habe hier viel gemacht, und deswegen hat sie mir alles vererbt«, sagt er. »So einfach ist das.«

2001 zieht Michael Gwisdek aus Berlin nach Brandenburg. Unvorstellbar für einen, der die Stadt so sehr liebt und der auch irgendwie zu ihr gehört. Er sagt, dass er sich hier verwirklichen kann, was für ihn heißt: am Haus bauen, den Garten bepflanzen und einfach an schönen Tagen den guten Gedanken nachhängen. Die Frage, warum ausgerechnet er, der Typ mit den flotten Sprüchen, der auf keiner Berliner Party und Premiere fehlt, von der Stadt aufs Land gezogen ist, quittiert er mit einem Lächeln. »Die Stadt habe ich wirklich ausgekostet. Ich bin um die Häuser gezogen, ich hatte ein Auto, und ich hatte die Mä-

dels. Ich hab alles erlebt.« Er selbst sei sich manchmal ein wenig wie John Travolta in *Saturday Night Fever* vorgekommen. Natürlich gibt Gwisdek den Hüftschwung.

Sein Leben, so suggeriert er, ist ein großer Spaß. Er ist niemand, der sich mit Zweifeln plagt oder mit dem Schicksal hadert. »Das Leben an sich ist eine sehr aufregende Sache«, sagt er und schmunzelt über sich und diese Wahrheit. »Ich bin sogar froh, dass ich diesen Versuch mit dem Sozialismus in der DDR mitmachen durfte … wobei ich aber auch sage, Gott sei Dank ist das vorbei. Jetzt hast du die Welt für dich, jetzt kannst du mal nach Los Angeles fliegen. Ich finde das alles gut!«

Langes Stillsitzen ist nicht seine Sache, und so werden wir durch den Garten geführt. Carlos, ein polnischer Hirtenhund, der bis dahin unter einer Hecke döste, springt sofort auf, um das Herrchen zu begleiten. Das Grundstück der Gwisdeks: meterhohe Bäume, eine große Wiese – 6000 Quadratmeter Land.

Unter einem der Bäume liegt ein altes Emaille-Schild: »Sperrgebiet«. Ob er das wegen neugieriger Journalisten habe, wollen wir wissen, doch für Michael Gwisdek ist auch diese Frage nur eine Überleitung zu einer Anekdote aus seinem Leben. 1984 dreht er im Westen den Film »Der Fall Bachmeier – keine Zeit für Träume« in der Regie von Hark Bohm. Für seine Rolle bekommt er auf dem Filmfestival in Chicago den Goldenen Hugo als bester Schauspieler. »Robert Redford wurde nur Vierter, ich habe gewonnen«, erinnert er sich stolz. Doch den Preis sollte er verheimlichen, »Befehl vom DDR-Filmminister«. Es gab ein geheimes Abkommen. »Ich hielt die Klappe und durfte mein Häuschen benutzen, obwohl es im damaligen Sperrgebiet lag«, sagt Gwisdek und hebt das Schild hoch, damit wir es filmen können.

Ganz hinten im Garten, am Ende des Grundstücks, beginnt das Reich von Gabriela Gwisdek. »Die bleibt dort schon seit Jahren über Nacht«, witzelt er und führt uns zu ihrem Gewächshaus. »Sie macht mir das Essen bio-mäßig, dass ich länger lebe«, meint Michael Gwisdek und zündet sich eine Zigarette an.

Das Gewächshaus ist vollgestellt mit kleinen Töpfen: Tomaten, Kräuter, Salate. Mittendrin steht Gabriela Gwisdek. Sie ist beim Umtopfen. Sie ist gern hier draußen, alles selber zu machen und vor allem, mit den Händen in der Erde zu wühlen. Ein Kontrast zur täglichen Schreibtischarbeit, denn Gabriela Gwisdek ist eigentlich Drehbuchautorin. Vor drei Jahren haben sie geheiratet. Nur im kleinen Kreis, hier in Brandenburg.

Kennengelernt haben sie sich, als Michael Gwisdeks Ehe mit Corinna Harfouch und auch ihre eigene Beziehung in die Brüche gingen. »Am Anfang hat Gabi nur einen Ort gesucht, wo sie ein paar Tage bleiben konnte, bis sie eine Wohnung gefunden hat, und da habe ich sie eben aufgenommen, und sie ist geblieben«, erzählt er und zieht sie näher zu sich heran.

Der Schauspielerfreund Henry Hübchen sei es gewesen, der für Gabriela damals einen Unterschlupf gesucht habe. Für sie war Michael Gwisdek ein relativ Unbekannter. »Ich habe nicht den Schauspieler gesehen, sondern den Mann«, sagt sie und schwärmt davon, wie der sich damals Stunde um Stunde ihre Probleme angehört hat. »Da haben wir uns irgendwann ineinander verliebt.«

»Komm, zeig ihnen deine Hühner«, fordert er sie nach diesem Geständnis auf und führt uns zu einem kleinen Gehege mitten im Wald. Eine buntgescheckte, edle Hühnerfamilie hat bei den Gwisdeks Asyl gefunden und füht sich sichtlich wohl. Pick, pick, pick. »Die haben alle Namen«, sagt Gabriela Gwisdek und stellt uns die Damen vor: »Frau Lehmann, Frau Schneider und Frau Kirsch.« Auf die Frage, warum sie ihre Hühner sieze, hat sie eine eindeutige Antwort: »Die kommen eben nicht in den Kochtopf.« Sie mag frische Eier, und sie mag die Hühner in ihrem Garten.

Die Gwisdeks wirken wie ein eingespieltes Team. Unkompliziert. Was ist denn das Geheimnis ihrer Beziehung? »Viel reden«, meint sie.

»Auch miteinander streiten und sich wieder versöhnen können«, sagt er.

»Den anderen immer mal wieder überraschen«, fällt ihr noch ein. Aber vor allem sei es wichtig, dem anderen seine Geschichten zu lassen. Und während wir noch über die Liebe plaudern, fällt Michael Gwisdek schon wieder etwas ein.

»Kommt mal mit«, ruft er uns zu und will uns unbedingt noch eine Filmkulisse in seinem Garten zeigen. Er zieht uns zu einem kleinen Holzhäuschen, das so marode wie filmhistorisch wertvoll ist. »Das ist eine Sehenswürdigkeit«, meint er. Denn vor diesem Schuppen habe er seinen ersten eigenen Film gedreht. Einen Western. Er natürlich in der Rolle eines Cowboys, der gekonnt seinen Colt zieht, um die Welt vor bösen Mächten zu schützen. Damit wir ihm auch glauben, spielt er uns seinen Part noch mal vor und stürzt mit einer angedeuteten Hechtrolle

über den Rasen: »Ein Mädchen hat das damals alles gefilmt.« Wenig später zeigt er uns den 8 mm-Streifen. Seine Frau hat das Material gefunden, als sie ihm zu seinem 60. Geburtstag einen Film über sein Leben schenkte.

In der Tat ein eindrucksvolles Dokument in Schwarz-Weiß. Michael Gwisdek in jungen Jahren, schwarzes Hemd, Cowboyhut, er blickt gefährlich in die Kamera, zieht den Colt, macht eine Hechtrolle und dreht fachmännisch in der Luft noch mal den Colt.

»Damals hab ich mir den Streifen angesehen und gedacht, super, haste hingekriegt.« Mehr braucht man doch eigentlich nicht, um Schauspieler zu werden.

Warum wollte er unbedingt diesen Beruf? Michael Gwisdek überlegt nicht lange: »Ich bin Schauspieler geworden, weil ich mich für keinen anderen Beruf entscheiden konnte, weil ich immer gedacht

habe, wenn ich den Beruf mache, kann ich die 463 000 anderen Berufe nicht machen, und ich wollte eben Dinge erleben«, sagt er.

Damit wir verstehen, was er meint, gibt er noch eine Geschichte aus seiner Kindheit zum Besten. Auf jedem Familiengeburtstag sei ihm damals erzählt worden, wie Onkel Erich einmal in eine Torte gefallen sei. »Das war der Höhepunkt seines Lebens«, wundert sich Michael Gwisdek noch heute. »Ich wollte Highlights erleben und nicht darauf warten, dass ich aus Versehen mal in die Torte falle.« Als Filmschauspieler könne er sich eben im »Dreck kloppen« und »Torten in die Fresse kriegen«, Dinge, die im Leben höchst selten geschehen, ihn aber magisch anziehen. Bis heute.

Er will uns ein paar Fotos von damals zeigen und bittet uns auf seine Terrasse. Wir sollen uns setzen, in seine selbstentworfene Gemütlich-Ecke. Ein großes Rattansofa steht da, darauf rote Kissen, davor ein Holztisch. Innerhalb weniger Minuten füllt der sich mit Fotos. Berge davon hat Gwisdek hervorgeholt. Er und seine Familie. Er als kleiner Junge. Er mit 16 Jahren. Ein Foto ist ihm besonders wichtig. Es zeigt ihn in einem schwarzen Anzug mit weißem Hemd. Michael Gwisdek blickt ernst in die Kamera, auch ein wenig kokett. Es ist die Zeit, in der er sich entschließt, Schauspieler zu werden und seinen Vater mit diesem Wunsch konfrontiert. Jahrelang hat er sich nicht getraut, jemanden von seiner Leidenschaft zu erzählen. »Für meinen Vater war Schauspieler zu werden so etwas Irres und Großes«, erinnert sich Michael Gwisdek. Als er seine erste Rolle spielte, hat sein Vater im Zuschauerraum gesessen und geweint. »Dass sein Sohn auf der Bühne auswendig so etwas sagen kann, das war für ihn eine andere Welt.«

Zur Schauspielerei kommt er auf Umwegen. Nach der Schule lässt sich Gwisdek zum Dekorateur ausbilden und arbeitet als Plakatmaler in Berlin. Später jobbt er als Buffetier in der Gaststätte seines Vaters. Kurzzeitig ist er Leiter eines Jugendklubs. Zweimal wird er an der Staatlichen Schauspielschule in Berlin abgelehnt. Dann klappt es.

Nach dem Studium geht alles sehr schnell. Michael Gwisdek bekommt erst ein Engagement in Karl-Marx-Stadt, dem heutigen Chemnitz. Nur wenige Jahre später wird er von Benno Besson an die Berliner Volksbühne geholt, später tritt er in das Ensemble des Deutschen Theaters ein. Und nebenbei dreht er Filme. In den achtziger Jahren fängt er an, selbst Regie zu führen.

Michael Gwisdek ist ein Alleskönner. Am Theater spielt er Shakespeare oder Goldoni, aber auch Heiner Müller. Im Film gibt er die Ganoven, die Verbrecher oder einen Nazi-General, aber auch die Betrogenen, die Außenseiter oder einen DDR-Dissidenten. Zweifelsohne gehört er inzwischen zu den bekanntesten Schauspielern Deutschlands. Er wird mit Preisen ausgezeichnet, hat den Silbernen Bären der Berlinale für »Nachtgestalten« bekommen und den Deutschen Filmpreis in Gold für »Der Tangospieler«.

Warum ist Michael Gwisdek nicht irgendwann abgehoben? Bevor er auf diese Frage antwortet, lehnt er sich zurück in seine roten Kissen und zündet sich eine Zigarette an. Er sei kein Angeber. »Ich bin ein Auf-die-Kacke-Hauer, das ist etwas anderes. Ich übertreibe gern ein bisschen, aber ich wollte niemals der Erste sein, denn dann hast du ein Problem. Wenn du der Erste sein willst, dann gibt es da meist jemanden, der es noch vor dir ist.«

Wie er solche Sätze formuliert, wie sie aus ihm herauspoltern – da bleibt einem gar nichts anderes übrig, als ihm zu glauben. Michael Gwisdek will nie mehr sein, als er ist. Vielleicht ist das sein Geheimnis. Lernen, bei sich selbst zu bleiben, nicht nach den anderen zu schielen, vielleicht ist das sein Schlüssel zum Erfolg. Seine Lebensphilosophie klingt danach.

»Passt auf, das ist ganz einfach«, erklärt er. »Ich habe jetzt ein Auto. Ist das nicht super?«, fragt er schmunzelnd. »Aber der andere, der hat auch ein Auto und noch einen Jeep dazu, na ja gut. Das könnte ich vielleicht auch noch. Kauf ich mir noch einen Jeep dazu. Dann hat der andere plötzlich noch ein Segelboot. Jetzt will ich auch ein Segelboot. Dann hat der auch noch ein eigenes Flugzeug. Und du denkst, der hat es geschafft. Und du nicht. Aber es gibt eben nun mal Leute, die haben ein eigenes Flugzeug und eine Insel mit Flughafen, auf der sie landen können. Es hört eben nie auf.« Michael Gwisdek ist davon überzeugt, dass man sich nie damit beschäftigen sollte, was die anderen haben.

Er selbst sagt über sich, dass er mit seinem Leben zufrieden sei. Er habe sich einen Traum verwirklicht. Und wieder fällt ihm eine Anekdote aus seiner Familie ein: »Mein Vater hat gesagt, wenn ich sterbe, schreib mir bitte auf meinen Grabstein: ›Ein lustiges Leben ging zu Ende.‹ Das wollte der haben, den simplen Spruch.« Ein wenig sei er wie sein Vater. Er habe eben auch diese einfache Naivität. »Ein lustiges Leben ging zu Ende«, so was in der Art würde auch zu ihm passen.

Michael Gwisdek spricht solche Sätze mit einem Lächeln. Jede Form von Pathos ist ihm fremd. Er hat sich die Freude an allem Neu-

en, an allem Unfertigen bewahrt, und er hat die nötige Energie, die ihn antreibt und immer weiter durch das Leben trägt. Als wir uns von ihm und seiner Frau Gabriela verabschieden, scheint es, dass auch wir alle ein wenig mehr lächeln. »Kommt bald wieder«, ruft er uns hinterher. Und er meint es ehrlich. *Christine Thalmann*

»Beim Pilzesuchen denkt es sich anders«

Bei Ralph Herforth zu Hause

Es gibt Orte, die findet auch kein satellitengestütztes Navigationsgerät. Ralph Herforths Haus am Gudelacksee gehört dazu. »Das findet ihr sowieso nicht allein«, hat der Schauspieler am Telefon gesagt. Und schlug als Treffpunkt eine Tischlerei in Lindow vor, ebenfalls am Gudelacksee, in der Ostprignitz. Er kenne den Chef, hat er erklärend hinzugefügt, und sei sowieso öfter hier, zum Werkzeugausleihen und um selber was zu machen: sägen oder schleifen. Ein landauf landab bekanntes Fernsehgesicht mit Macho-Ruf in einer brandenburgischen Dorf-Tischlerei?

Tatsächlich treffen wir Ralph Herforth an der Motorsäge, »getarnt« mit einer Schutzbrille, ein dickes Brett in der Hand: »Rüster ist das«, erklärt er uns, bevor wir irgendetwas sagen können, geschweige denn die Kameras aufbauen, »von der Ulme, ein sehr seltenes Holz« und dass er daraus die Seitenwand eines Regals baue. Ein Mann und sein Hobby. Ansonsten möchte er geduzt werden: »Ich bin Ralph!«

Dann geht er – als wolle er unseren eben geweckten Erwartungen auch wirklich gerecht werden – erstmal zur Schleifmaschine. Wir nutzen die Gelegenheit und gucken uns um. Der Inhaber der Tischlerei, Andreas Baldin erzählt: Vor vier oder fünf Jahren sei Ralph Herforth auf ihn zugekommen, er habe da an seinem Haus etwas zu bauen, Fenster, ganz viele Holzfenster, ob sie ihm da nicht helfen könnten. Und ob er auch mal hier was machen könne, sich ein Regal bauen oder so.

»Am Anfang habe ich immer gefragt, kann ich mal 'n Bohrer haben, und Andreas hat dann gesagt: Ja, wenn du ihn wiederbringst …«, schaltet sich Ralph Herforth wieder in das Gespräch ein, das frisch geschliffene Stück Holz in der Hand. Wir fragen, wie denn die Lehrlinge in der Werkstatt auf ihn reagieren, ob die nicht insgeheim mit den Augen rollen, wenn wieder der Schauspieler da ist. Aber Ralph Herforth scheint sich ihren Respekt erarbeitet zu haben. Nur manchmal, wenn er wieder mal allzu ungeduldig ist, alles immer sofort haben will, lächelt man noch über ihn, verrät Andreas Baldin. Der Tischler und der Schauspieler sind Freunde geworden: fahren Motorrad zusammen, treffen sich zum Essen. »Seine Frau Antje kocht so gut«, sagt Ralph Herforth.

Inzwischen ist er fast jeden Tag hier, holt sich von den Lehrlingen die Holzreste, das, was die liegen lassen: »Die verstehen immer nicht, was ich damit will, weil das für die doch alles immer ganz gerade sein muss.« Wollte Ralph Herforth als Kind selbst einmal Tischler werden? »Nein, aber mein Vater hat viel aus Holz gemacht. Ich erinnere mich an Nachmittage, wo wir an irgendeinem Bach waren, und mein Vater schnitzte etwas. Er hat mit meinem Zwillingsbruder und mir auch alles mögliche im Keller gebaut. Aber Tischler wollte ich deshalb nicht werden. Ich wollte als Kind immer Koch werden. Koch und Zugfahrer. Ich hatte immer Hunger und ich wollte immer weg.«

Ein flotter Spruch, aber zum ersten Mal blitzt in diesem »Kerl« Herforth, der in seinen Rollen meist die Hartgesottenen, die Ganoven und Verführer spielt, die Machos eben, etwas Verschmitztes auf, vielleicht sogar Verletzliches. Und irgendwie haben wir in diesem Moment das Gefühl, dass dieser Nachmittag doch sehr interessant werden könnte …

Inzwischen sind wir auf der Landstraße, auf dem Weg zu Herforths angeblich so schwer zu findendem Haus am See. Unser Gastgeber fährt voran, auf seinem Motorrad, einer schweren Kawasaki. Vor

zwanzig Jahren hat er diese Landschaft für sich entdeckt, auf Wochenendtrips ins Brandenburgische. Ralph Herforth stammt ursprünglich aus Herford und die Namensgleichheit ist kein Zufall. In Wirklichkeit heißt er Ralph Schwachmeier. Kein Name, mit dem man als junger Schauspieler gut Karriere machen könnte. Gleich bei seinem ersten Theaterengagement, 1984 am Berliner Schillertheater, rief der Regisseur Hans Neuenfels bei Proben durch den ganzen Saal: »Schwaaachmeier, das ist doch kein Name. Lassen Sie sich was Neues einfallen.« Was Ralph S. auch tat – und sich in Ralph Herforth umbenannte.

Der fährt immer noch vor uns, Gott sei Dank, denn spätestens als vom ersten Waldweg noch ein zweiter Waldweg abgeht, und wir nur noch Bäume sahen, hätten wir uns – wie von ihm prophezeit – verirrt auf dem Weg zum Haus. Doch dann taucht es plötzlich am Wegesrand auf: Ein schlichtes braunes Häuschen schmiegt sich zwischen

die Stämme der Kiefern. Und wo ist der See? Wir gehen ums Haus herum – und da haut es uns regelrecht aus den Socken. Denn plötzlich öffnet sich ein großes, leicht abfallendes Grundstück mit einem beeindruckenden See-Panorama. Und es ist genau das, diese Weite, der große Himmel, sagt Ralph Herforth, was ihn so für diese Gegend und dieses Haus eingenommen hat.

Das Haus, eigentlich eine schmale Datsche, gehörte früher Gerhard Kosel, einem Architekten und Vordenker des industriellen Bauens in der DDR, weiß er zu berichten, während er uns über eine schmale Terrasse vorbei an einer verglasten Fensterfront hineinführt. Kosel war einst Präsident der Bauakademie und Projektleiter beim Bau des Berliner Fernsehturms. Dass er über den Hauskauf auf seine Geschichte gestoßen ist, fasziniert Ralph Herforth. Er ist keiner, der am Wochenende in sein Häuschen einschwebt, auf den See guckt und die Umgebung Kulisse sein lässt. Ihn interessiert, was um ihn herum passiert, wer früher hier lebte, wer seine Nachbarn sind. Er kommt gern mit Leuten ins Gespräch.

Anknüpfungspunkte für ein Gespräch finden wir in diesem Haus reichlich. Da ist zum Beispiel dieser Baumstamm, der über uns die Decke zu tragen scheint. »Sturz nennt man das«, erklärt Ralph Herforth, »aber das ist gar kein ›echter‹ Sturz, weil er die Decke nicht trägt. Ich fand das einfach nur schön. Das ist Hainbuche.«

Das Haus besteht hier im Erdgeschoss aus einem einzigen großen Raum, von dem an der gegenüberliegenden Wand die Küche abgeht. Eine Tür gibt es nicht, auch keinen Küchentisch – gegessen wird an einem großen Tisch im Wohnraum. Genug Platz für Freunde oder auch seine beiden Söhne, die ihn hier regelmäßig besuchen kommen. Die Küche, das sieht man sofort, ist allein fürs Kochen, Zubereiten da: Es gibt mehrere Arbeitsflächen und eine beeindruckende Auswahl an Messern und anderem Kochgeschirr. Alles sieht gepflegt, aber genutzt aus: Dies ist keine Hochglanz-Hightech-Küche aus dem Katalog, die vor allem gut aussehen soll, sondern eine praktische, gut ausgestattete Küche, in der sich jemand aufhält, der gerne mit Lebensmitteln umgeht, der offenbar seine Freude daran hat, sich aus frischen Kräutern und anderem Selbstgesammelten eine Mahlzeit zusammenzustellen. So steht hier zum Beispiel ein Korb mit Pilzen, einige liegen bereits ausgebreitet auf der Arbeitsplatte. Birkenpilze, wie er uns mitteilt, natürlich selbst gesammelt: Jeden Tag gehe er »in die Pilze«. Und als würde das nicht schon genug Eindruck machen, gesteht er uns auch noch sein neuestes Hobby: Marmeladenkochen! »Peinlich, das ist wirklich peinlich, oder?«, sagt er mit einer Mischung aus Stolz und Koketterie. Warum ist das peinlich, Ralph? »Ich weiß nicht, ein Kerl, der Marmelade kocht? Ich fing damit an, weil bei uns überall die Brombeeren hingen. Und dann hab ich gedacht, soviel kann ich gar nicht essen. Ich war mit meinen Kindern da, und auch mit den Kindern der Nachbarn, aber es waren einfach zu viele. Und dann hab ich eben angefangen, Marmelade zu machen. Ich hol mal ein Glas!«

Schon ist er verschwunden, in einer Kammer. Er scheint doch stolzer darauf zu sein, als es ihm peinlich ist. Er kommt zurück, in seiner Hand ein Glas: »Brombeer ist alle, das hier ist Feige, Datteln, echte Vanille und … was hab ich noch reingetan? Ach so, Zitrone!« Offenbar ist er experimentierfreudiger geworden mit der Zeit. »Auf jeden Fall fing ich damit an und merkte: Das macht wirklich Spaß! Diese Gerüche sind so toll, und wirklich jeder, dem du ein Glas mitgibst, freut sich. Also, ich hab mich auch immer gefreut, wenn ich von irgendjemand ein Glas selbstgemachte Marmelade bekommen hab.«

Ralph Herforth gerät richtig in Fahrt beim Thema Marmelade. Und das ist nicht gespielt. Natürlich kennt er die Reaktionen, wenn ausgerechnet er so etwas erzählt: Er, der Typ, der schwere Motorräder fährt, Drachen fliegt, Kitesurfen geht und Baumstämme an die Decke seines Haus haut. Doch es geht ihm um etwas anderes: »Wenn du so wohnst, wie ich, so wirklich alleine – also wenn meine Freundin nicht da ist, oder Freunde nicht da sind – dann ist der Rhythmus hier Landleben. Im Herbst ist es um fünf dunkel, da ist der Tag zu Ende. Und dann musst du irgendetwas haben! Du kannst ja nicht immer nur Drehbücher auswendig lernen oder lesen … Ich koche hier auch für mich alleine und zünde mir zum Essen drei Kerzen an.« Ist das eine Alterserscheinung, kommt der »wilde Kerl« langsam zur Ruhe, oder hat er das schon immer gerne gemacht? »Das hab ich schon immer so gemacht. Ich bin auch immer schon gerne Pilzesammeln gegangen! Auch, wenn alle Menschen, zu denen du sagst ›Komm, wir gehen jetzt mal in die Pilze‹, erstmal sagen: ›Was sollen wir in den Pilzen?‹ Aber ich finde, beim Pilzesuchen denkt es sich anders. Man redet auch anders. Du kannst dem andern nicht entkommen. Ich arbeite in einem Job, bei dem immer Druck herrscht: Immer hängt man hinterher im Zeitplan, immer muss noch was gedreht werden, immer läuft das Licht weg … Und hier, beim Pilzesuchen oder Beerensammeln, brauchen die Dinge einfach die Zeit, die sie brauchen. Du bist einfach da, und daraus ergeben sich wirklich tolle Gespräche. Das ist beim Beerensammeln so, und auch beim Pilzesuchen. Also ich

hoffe, ich bin jetzt nicht schon in dem Rentneralter, wo man so was so gerne macht, weil man nichts anderes mehr kann.« Jetzt hat er doch Angst, dass er ein bisschen zu soft und häuslich wirkt. »Morgen geh ich Kitesurfen! Auf der Müritz!«

Die Angst war unbegründet. Den Ruf des Machos wird Ralph Herforth so schnell nicht los. Doch wer ihn hier erlebt, lernt einen zugewandten, offenen und mitunter auch leisen Mann kennen. Als wir quer über das Grundstück hinunter zum See laufen, erzählt er, dass er hier selten nach halb elf ins Bett geht und nie später als halb sechs aufsteht. Als Erstes den Holzvergaser befeuert, um das Haus zu heizen, und dann ganz langsam den Tag beginnen lässt. Selbst bei Minusgraden geht er Holzhacken. Seine Aufenthalte hier sind für ihn auch Ausflüge ins Ursprüngliche: Wie viel Arbeit macht es, bis ein Haus warm ist? Wie viel Holz braucht man dafür?

Inzwischen haben wir das Ufer des Sees erreicht. An einem kleinen Steg liegt ein wunderschönes, mahagonifarbenes Holz-Segelboot, das im ersten Moment an die legendären italienischen Riva-Boote erinnert, auf denen sich in den sechziger Jahren der Künstler-und-Schauspieler-Jet-Set an der Mittelmeerküste amüsierte. Dieses Boot ist zwar auch aus der Zeit, wie Ralph Herforth uns erklärt, aber ein vom Vorbesitzer umgebautes DDR-Sportboot, das er vor einigen Jahren gekauft hat. Weil er es liebt, zu segeln oder auch einfach nur auf dem Boot zu liegen, von dort in den See zu gehen, zu tauchen.

Wie oft er tatsächlich hier sein kann, bestimmt seine Arbeit. Ralph Herforth dreht viel, vermutlich kann man sein Gesicht fast jeden Abend auf irgendeinem Kanal sehen. Aber nicht jede Arbeit macht ihn glücklich. »In neun von zehn Filmen laufe ich nicht mal warm, weil die Rolle so klischeehaft ist. Das ist eigentlich überhaupt kein Mensch, was ich da spielen muss! Das ist nur so eine Metapher fürs Böse – meistens spiele ich ja die Bösen. Es ist kein Mensch mit einer Geschichte, mit Abgründen. Ich frage mich dann immer: Wo sind seine Tränen, wo ist sein Glück? Das macht einen unheimlich mürbe. Gerade jetzt, da ich 50 bin und das Leben auch aus einem anderen Blickwinkel betrachte, würde ich mir schauspielerisch schon wünschen, Charaktere spielen zu dürfen, die gebrochener sind. Menschen, die komplexer sind als die, die ich meistens spielen konnte. So was hatte ich viel zu selten.«

Tja, das ist jetzt also von unserem kernigen Macho Ralph Herforth übriggeblieben: Ein Mann, der Marmelade einkocht, früh ins Bett geht und es nicht mal genießt, dass er in seinen Filmen ordentlich fies und böse sein kann! Das hatten wir uns anders vorgestellt. Als würde er unsere Gedanken erraten, setzt er noch einen drauf und beginnt, von seinem Zwillingsbruder zu erzählen, der Jürgen heißt und Altenpfleger von Beruf ist. Ein Mann, der ein ganz anderes Leben lebt als er: »Früher, in der Schule, war ich der Angeber, ich benahm mich, als sei ich der Stärkste der Welt. Doch während ich nur so tat, war mein Bruder wirklich der Stärkste! Er ist nämlich viel, viel größer als ich, mit dem hat sich keiner angelegt. Ich, der immer groß die Klappe aufriss, ich kriegte immer nur auf die Fresse. Und rief dann immer: ›Jürgen, Jürgen …‹ Also, ich war immer sehr, sehr froh, ihn zu haben, er hat mich vor vielem bewahrt, mein Bruder.«

In diesen Worten schwingt soviel Liebe mit, soviel Wärme, dass wir für einen Moment nichts zu sagen wissen. Aber was bleibt auch zu sagen: Wir haben diesen Tag mit Ralph Herforth genossen. Als wir draußen schon dabei sind, die Kameras einzupacken, kommt er noch einmal raus und drückt jedem von uns ein Glas seiner selbstgemachten Marmelade in die Hand. Wie hatte er doch vorhin gesagt: »Wirklich jeder, dem man ein Glas Marmelade mitgibt, freut sich.« Stimmt. Und irgendwie hat das gar nicht so viel mit der Marmelade zu tun.

Tim Evers

»Wenn du nicht mehr neugierig bist, dann bist du alt«

Bei Wolfgang Kohlhaase und Emöke Pöstenyi

Die Straße ist hier schon lange keine Straße mehr, eher ein Feldweg. Können Wolfgang Kohlhaase, der Drehbuchautor, dessen Dialoge immer so genau den Berliner Großstadtton treffen, und seine Frau Emöke Pöstenyi, die weltgewandte Tänzerin und Choreografin aus Ungarn, wirklich hier draußen zu Hause sein?

Nein, wenn wir nicht genau wüssten, dass sie hier irgendwo wohnen, wir hätten womöglich schon aufgegeben. Doch so fahren wir einfach immer weiter. Bis sich tatsächlich hinter einer Kurve eine Hofeinfahrt öffnet und wir vor einem schmal scheinenden Häuschen stehen: Das muss es sein!

Wolfgang Kohlhaase und Emöke Pöstenyi leben in der Nähe des Scharmützelsees, am Rande eines Dorfes, hinter ihrem Haus nur noch Wiesen und Felder. Am Himmel ziehen dunkle Regenwolken auf, aber was für eine Idylle! Das Staunen ihrer Besucher sind die beiden freilich gewöhnt: Wie schön sie es doch haben, sagen wir, und Wolfgang Kohlhaase entgegnet trocken, aber nicht ohne Stolz: »Das sagen alle, und wir sagen es auch.«

Wir fühlen uns durch die nüchtern-lakonische und doch herzliche Art der beiden sofort willkommen. Und unser Staunen geht weiter, als sie uns hereinbitten: Denn das vermeintlich kleine Häuschen nimmt gar kein Ende! Wie an einer Schnur aufgereiht, führt ein Zimmer ins nächste. Während sie uns herumführen, erzählen sie, dass sie das Haus 1968 für sich entdeckt haben. Damals war es noch nicht üblich, dass sich die Berliner hier ihre Landhäuser suchten, sie waren die ersten Städter, die sich hierher verirrt hatten. Und das Haus war marode: Das Dach undicht, die Dielen kaputt, das Wasser kam aus der Pumpe, aber all das schreckte sie nicht ab. Ursprünglich war es nur als Schlafplatz auf dem Land gedacht war, eine Zwischenstation auf dem Weg zum Segeln auf dem nahen Scharmützelsee. »Am Anfang«, erzählt Wolfgang Kohlhaase, »habe ich gedacht, ich fahre von Berlin in dieses Haus, lade irgendwas aus und fahre weiter zum Segeln. Dann stellte sich aber heraus, dass ein Haus allmählich Gewicht bekommt, und dass man, wenn man gerade angekommen ist, nicht sofort weiterfahren will.«

So wurde das Haus erst zum Wochenendhaus und schließlich zum Lebensmittelpunkt. Nur eines war es nie: das alleinige Schreib-Refugium des Drehbuchautors Wolfgang Kohlhaase, der sich auf der Suche nach Inspiration und Ruhe hierhin zurückzieht. Solch romantische Verklärung seines Berufs ist ihm fremd: »Ich habe natürlich immer auch hier gearbeitet, aber man macht einen Film nicht an einem einzigen Ort. Scherzhaft gesagt: Wenn einem etwas einfällt, kann man überall schreiben, wenn einem nichts einfällt, kann man überall *nicht* schreiben.«

Und doch hat er hier einen Arbeitsraum, den er allerdings nie so nennen würde – er spricht von einem »Winkel, ohne jede Magie«. Ein kleines Kabuff – die Wände voller Bücher, zwischen Papierstapeln ein kleiner Schreibtisch –, das es nur gibt, weil man eben einen Ort braucht, an dem man ungestört sitzen und schreiben oder nachdenken kann. Nach seinen berühmten Drehbüchern sucht man hier übrigens vergeblich. Dabei hatten wir doch erwartet, das zerlesene, mit unzähligen Anmerkungen und Notizen versehene Schreibmaschinen-

Ur-Manuskript von *Solo Sunny* zu finden, oder die erste Fassung von *Sommer vorm Balkon*. »Was ich gemacht habe, hab ich gemacht«, sagt Kohlhaase dazu nur, »und dann geht es weiter. Neugier ist mein Hauptantrieb. Ich war beim Filmeschreiben immer am Resultat interessiert, und das Resultat ist nicht das Drehbuch, obgleich das meine Strecke ist. Das Resultat ist der Film.«

So blickt jemand auf seine Arbeit, der immerhin seit über fünfzig Jahren Drehbücher schreibt!

Als Zeitungsreporter fing Wolfgang Kohlhaase einmal an, Ende der vierziger Jahre, da ist der Zweite Weltkrieg kaum zu Ende. Schon als Schuljunge, mit 14, hatte er – in einem »gelinden Anfall von Größenwahn« – kleine Geschichten an sämtliche Zeitungsredaktionen der Stadt geschickt. Nach der Schule macht er dann ein Volontariat bei der Jugendzeitschrift *Start*, schreibt Reportagen und die ersten

Filmkritiken. Als die Zeitung eingestellt wird, bewirbt er sich bei der DEFA, als Dramaturgie-Assistent, auch wenn er nicht genau weiß, was das eigentlich ist. Doch das Kino hat es ihm längst angetan, und die Geschichten dafür aufzuschreiben, entspricht seiner Begabung: Zu beobachten, zu erfinden, zu erzählen. So beginnt mit 19 sein Leben beim Film, bei der DEFA.

Ende der sechziger Jahre lernt Kohlhaase beim Fasching der Berliner Kunsthochschule Weißensee die ungarische Tänzerin Emöke Pöstenyi kennen – über vierzig Jahre später meint er sich nur noch daran zu erinnern, damals gedacht zu haben: »Können diese Beine lügen?« Emöke Pöstenyi lebt in der DDR, seit sie 18 war. Als sie und der Film-Erzähler Kohlhaase ein Paar werden, ist sie bereits als Solistin das Aushängeschild des DDR-Fernsehballetts. Später arbeitet sie auch als Choreografin. Wir wollen wissen, was das für eine Künstler-

Beziehung ist? Sind das zwei, die den Austausch suchen, einander die neuesten Ideen vorführen, oder werkelt jeder für sich? Kann man zum Beispiel mit Wolfgang Kohlhaase Bewegungen einer Choreografie ausprobieren, fragen wir Emöke Pöstenyi.

Sie winkt ab: »Es gab einen einzigen solchen Versuch, als wir uns kennenlernten. Ich musste etwas ausprobieren, was ich eventuell mit einem Partner machen sollte. Also hab ich ihm gesagt: Du musst gar nichts machen, bleib nur stehen. Ich wollte ausprobieren, ob ich mit dem Bein richtig über seinen Kopf komme. Aber ich bin unten auf dem Teppich ausgerutscht und knallte mit meinem Bein voll gegen seinen Kopf. Ab da hat er sich geweigert, überhaupt etwas auszuprobieren.«

Umgekehrt, erzählt Emöke Pöstenyi, beobachtet sie ihren Mann durchaus dabei, wie er manchmal Geschichten testet, sie Freunden erzählt, um zu hören, wie sie ankommen, ob die Stimmung, der Tonfall der Geschichte stimmt. »Ich erzähle die Geschichte mal so und mal ein bisschen anders«, sagt Kohlhaase dazu, »ohne allzuviele Details. Eigentlich will ich wissen, ob das Gefühl aus der Geschichte funktioniert, will einfach nur sehen, ob es langweilig ist oder nicht.«

Es ist spannend, den beiden zuzusehen und ihnen zuzuhören, wie sie miteinander umgehen und über dieses Miteinander sprechen. Hier treffen zwei starke, äußerst eigenwillige Menschen zusammen, die wissen, wie sie sich necken und mitunter auch herausfordern können. Sie machen kein Hehl daraus, dass sie vielleicht auch deshalb seit über vierzig Jahren zusammenleben, weil sie während dieser Zeit gar nicht immer zusammen waren, sondern mitunter wochenlang unterwegs und getrennt. Seit Emöke Pöstenyi ihren Choreografen-Beruf an den Nagel gehängt hat, ist das etwas anders geworden, verbringen sie mehr Zeit gemeinsam in diesem Haus. Wodurch sich durchaus kleinere Konfliktherde entzündet haben. »Da ist zum Beispiel die Frage ›Was essen wir?‹«, klagt Emöke Pöstenyi, »da gehen die Haare bei mir ›dschidd‹« – sie stellt ihre Haare mit den Händen auf – »nach oben. Es ist doch ganz klar: Er arbeitet noch aktiv, ich bin zu Hause – natürlich ist diese Frage an mich gerichtet!« Doch Wolfgang Kohlhaase lässt sich nicht aus der Reserve locken: »Das ist eine ganz unschuldige Frage, die hat ja nichts Nötigendes. Wenn ich frage: ›Was essen wir?‹, und sie sagt ›Nichts‹, ist es auch gut.«

Die beiden sind ein eingespieltes Team, dennoch hat sich jeder einen eigenen Kopf bewahrt. Emöke Pöstenyi hat in den letzten Jahren so etwas wie eine neue Kunstform für sich entdeckt: Sie macht Unglaubliches aus einfachen Ästen und Zweigen! Scheinbar schnöde Holzstücke, die sie beim Spazierengehen findet und in denen sie irgendetwas sieht – eine Form, eine Bewegung, die Silhouette einer Tänzerin –, verwandelt sie mit etwas Farbe in kunstvolle, grazile Figuren, bei deren Anblick die Choreografin Pöstenyi ins Schwärmen geraten kann: »Diese Arme! Das so etwas in der Natur wächst! Wenn sie nur einmal bei richtigen Tänzerinnen so wären … Mein Beruf bedeutete immer, mit anderen zu arbeiten. Aber das hier, das kann ich für mich allein machen.«

Eigentlich wollten wir noch hinaus in den Garten, ein bisschen über Gemüseanbau fachsimpeln, doch draußen regnet es inzwischen in Strömen, und so bleiben wir einfach sitzen. Man kann mit Emöke Pöstenyi und Wolfgang Kohlhaase leicht einen ganzen Tag verplaudern und wird sich hinterher bereichert fühlen: Von einem bestimmten Blick auf die Welt, der genau ist, aber nicht unnachgiebig. Von einem leisen Humor und einer Erzähl-Lust, die alltägliche Begebenheiten zur Geschichte oder gar zum Abenteuer werden lassen. Aus dieser Weltsicht entstehen auch Wolfgang Kohlhaases Drehbücher. Dass er übrigens die Großstadt Berlin um sich bräuchte, und vor allem ihren Dialekt, um diesen Drehbüchern jenen berühmten Kohlhaase-Ton zu geben, das verneint er. Für ihn besteht das »Berlinern« sowieso nicht in erster Linie aus »icke« und »dette«, sagt er, jeden seiner Dialoge habe er auf Hochdeutsch ins Drehbuch geschrieben. »Berlinern« ist für ihn eine ganz bestimmte Art zu denken, eine »Großstadtsprache, die übertreibt und untertreibt, in der die Gegensätze leben«.

Auch uns zieht es nicht unbedingt zurück in die Großstadt, nur zu gerne lassen wir uns – der Dreh ist längst beendet – von Emöke Pöstenyi zu einem Gläschen ihres ungarischen Marillenschnapses überreden. Doch dann ist es wirklich an der Zeit, zu gehen. Selbst der Sommer-Landregen, der uns den ganzen Tag hier im Haus hielt, hat inzwischen aufgehört. Ein Hauch von Abendsonne fällt durch die Fenster.

Auf dem Weg zu den Autos fällt unser Blick auf einen Sandsack, der in der offenen Garage hängt. Der Hobbyboxer Wolfgang Kohlhaase hat ihn sich hier einmal hingehängt, um zu trainieren. Doch es kam nie dazu, weil er merkte, dass es ihm beim Boxen, einem Sport, den er sehr liebt, vor allem um die Geselligkeit geht. Seit Jahrzehnten schon trifft er sich einmal in der Woche mit alten Freunden in einer Berliner Sporthalle, um zu boxen, vor allem aber um zu reden: »Trainieren

wäre ein zu dramatisches Wort dafür. Wir gehen dahin und erzählen uns Geschichten, und der Witz dieses Treffens am Sonnabendvormittag ist, dass jeder aus einer anderen Ecke kommt. Der eine fährt einen riesigen Truck, der andere macht dies, der andere macht jenes, und ich komme aus dieser Kinoecke, und so vergleichen wir unsere Wochenerlebnisse miteinander. Das ist wunderbar.« Und so hängt der Sandsack, in dem statt Sand in Wirklichkeit Lumpen sind, hier wie ein guter, alter Vorsatz … Doch das alles möchte uns Wolfgang Kohlhaase eigentlich gar nicht erzählen, und schon gar nicht will er es gefilmt wissen. Aber weil der Geschichtenerzähler Kohlhaase selbst am besten weiß, wann etwas eine gute Geschichte ist, lässt er sich schließlich doch überreden. Schlägt einmal kurz mit der Rechten gegen den Sack und unterweist Dieter Moor, der es ihm nachtut: »Der Schlag muss noch kürzer sein, eher aus der Schulter heraus.« Und gerade als wir die Kameras wieder ausgepackt und aufgebaut haben, um etwas mehr über den Sandsack und das Boxen zu reden, entdecken wir noch etwas: Eingerollt und hinter den Stiel eines Spatens gequetscht – ein Stapel Papier. Und bei näherem Hinsehen: ein Drehbuch! Ein echtes Kohlhaase-Drehbuch! Hier finden wir also doch noch eines – in einer staubig-sandigen Garagenecke, zwischen rostigem Werkzeug und alten Tüten! Es ist das Buch zu *Die Stille nach dem Schuss*, verfilmt von Volker Schlöndorff. Wer das hier liegen sieht, glaubt Wolfgang Kohlhaase endgültig, dass es ihm weniger um das Bewahren als um das Machen geht. Selbst wenn er wollte, räumt er ein, könnte er vermutlich nicht damit aufhören: »Es gibt ein paar einfache Sachen, die bleiben einem wahrscheinlich: Hinsehen, Zuhören, sich für Leute interessieren. Das ist ja eine Art Mitte des Lebens, dass man Leute sieht und mit ihnen spricht. Ich glaube, wenn du nicht mehr neugierig bist, dann bist du alt.«   *Tim Evers*

»*Vom puren Glück*
Sänger zu werden …«

Auf den Spuren
von Jochen Kowalski

Apfelbäume stehen rechts und links der Straße, die sich durch das leicht gewellte Havelland zieht – wie malerisch ist es hier, wo uns die Wegweiser hinein in das Örtchen Wachow führen. Die Dorfkirche leuchtet ziegelfarben in der Sonne, dann macht die Straße einen Knick nach links, und ehe sie uns schon wieder aus dem Dörfchen hinausführen will, entdecken wir auf der linken Seite unser Ziel: die Fleischerei Kowalski.

Tatsächlich, der Mann, den wir besuchen wollen, stammt aus dieser Fleischerei. Er ist ein Star, einer, der es mit seiner Stimmbegabung an die bedeutendsten Opernhäuser der Welt geschafft hat – jahrelang war er an der Metropolitan Opera in New York engagiert, und in Berlin war er nicht nur Ensemble-Mitglied der Komischen Oper, sondern wurde auch mit dem Verdienstorden des Landes Berlin gekürt. Er kann Dinge mit seiner Stimme machen, die nicht einmal die großen Tenöre wie Placido Domingo oder José Carreras beherrschen.

Statt sich in Starallüren zu ergehen und in Mailand oder New York Hof zu halten, ist er immer auf dem Boden geblieben, in gewisser Weise auf dem havelländischen Boden. Denn hierher, in seinen Heimatort, in das kleine Dorf Wachow, wo er als der jüngste von drei Fleischersöhnen geboren wurde, kommt er immer noch regelmäßig.

Er sei eben mit Havelwasser getauft, hat er uns schon am Telefon gesagt.

Als wir mit dem Wagen an der Fleischerei halten, steht er auch schon leibhaftig da, hat die Arme ausgebreitet, lacht ein fröhliches Lachen, das sein Gesicht unter dem gelockten Haar zum Strahlen bringt, und gleich in den ersten Worten ist seine ganz unverkennbare Sprachmelodie zu hören, ein heller, gutgelaunter, brandenburgisch gefärbter Singsang, durch den viel Humor hindurchklingt: »Herzlich willkommen in Wachow. Ich freu mich.«

Er reicht uns die Hand, und es ist immer noch kaum zu glauben, dass das sein Elternhaus ist, das kleine Ladengeschäft, auf dem »Fleischerei Kowalski« steht.

»Ick bin hier richtig im Schlafzimmer meiner Eltern geboren«, sagt er und unterstreicht das Ganze noch einmal mit seinem Dialekt. »An einem 30. Januar in den fünfziger Jahren. Det Jahr sag ick jetzt aber nicht.«

Vom ersten Moment an spüren wir, dass die Begegnung mit ihm etwas Besonderes ist. All der Respekt, den man vor einem großen Künstler hat, all die Bewunderung angesichts solch einer Weltkarriere – sie stellen bei ihm überhaupt keine Barriere dar. Jochen Kowalski hat eine so warmherzige, so nahbare Art, dass man sich von ihm sofort aufgenommen fühlt. Ob wir mal die Fleischerei anschauen können?

Kowalski nickt grinsend: »Ich bitte darum. Da gibt es immer was Gutes zu essen. Jetzt arbeiten hier mein Bruder und meine Schwägerin.«

Der Verkaufsraum duftet genauso, wie man es sich von einer guten Landfleischerei vorstellt. Würste und Fleischstücke leuchten in der Vitrine, aus der die Verkäuferin gerade für eine Kundin etwas herausnimmt. Man muss sich das mal vorstellen: Hätte Jochen Kowalski nicht sein außergewöhnliches Stimmtalent entdeckt, stünde er heute vielleicht selbst als Fleischer hinter dieser Theke.

Er führt uns durch die Hintertür hinaus in den Hof und ruft aus: »Meister, wir sind da. Reini!«

Ein stämmiger, mittelgroßer Mann kommt aus dem Hintergebäude, er trägt eine blaue Schürze und gelbe Gummistiefel und strahlt sofort eine freundliche Autorität aus, die keinen Zweifel daran lässt, dass er hier der Chef im Hause ist.

»Mein nächstältester Bruder«, stellt Jochen Kowalski seinen Bruder Reinhard vor, »der Fleischermeister.« Reinhard Kowalski schüttelt uns die Hand. Zum Glück hat Jochen Kowalski ihn vorbereitet, dass heute ein ganzes Kamerateam in seine Fleischerei einfällt, sonst wäre er wohl nicht so glücklich, dass wir ihn beim Räuchern stören. So öffnet er uns auf unseren Wunsch hin sofort den Räucherofen, der sich neben dem Eingang zum Schlachtraum befindet, und mit den Rauchschwaden schlägt uns ein deftiger Räucherduft entgegen.

»Das hier vorne ist Wildschwein und daneben Schweineschinken«, sagt der Fleischermeister stolz – oder richtiger: brummt er uns mit

Freude über sein Handwerk zu. Keine Frage, er ist niemand, der große Reden schwingt. Es gehört ja auch vor allem Tatkraft dazu, solch einen Beruf auf dem Land am Leben zu halten. Seine Kinder wollen die Fleischerei jedenfalls nicht fortführen.

»Ich bin der letzte der Mohikaner. Der Beruf stirbt aus wie die Dinosaurier.«

Er sagt das mit einem verschmitzten Lachen im Blick – so ist eben der Gang der Dinge. Kaum zu glauben, dass die beiden ungleichen Brüder hier, genau in diesem Hof, als Kinder herumgetollt sein müssen. War das nicht erstaunlich, als der Bruder dann irgendwann Sänger werden wollte?

»Na ja, klar«, lacht Reinhard Kowalski. »Im Dorf haben sie alle gesagt, der hat einen kleinen Vogel.« Jochen Kowalski wird rot, lacht herzlich mit.

»Wenn er mit dem Hund spazieren gegangen ist«, fährt der Bruder fort, »dann hat er immer gesungen. Und dann hat er ein altes Grammofon bei jemandem im Dorf gefunden – das hat er wieder in Gang gebracht – und hat hier immer die alten Platten gespielt.«

Jochen Kowalski nickt. »Das Grammofon habe ich hier ins Schlachthaus gestellt.«

Wie bitte? Hier ins Schlachthaus? Und er hat hier im Schlachtraum zwischen den Schweinehälften geübt?

»Nein, die hingen ja da nicht«, lacht er. »Am Wochenende war immer alles leer. Die Eltern waren meistens nicht zu Hause, und dann habe ich hier – wegen der Akkustik – gesungen. Ich gehe da mal rein und mache eine Übung vor.«

Und schon ist er in dem Schlachtraum verschwunden, der jetzt auch leer ist, versichert Reinhard Kowalski, und wir hören, wie seine schmetternd hohe Stimme in ihrer ganzen Kraft und Schönheit von den glatten, weißgekachelten Wänden zurückschallt. Welch eine Stimmkraft – und das alles in Alt!

Tatsächlich hat Jochen Kowalski immer Wert darauf gelegt, dass er »Altist«, ein männlicher Alt ist – und kein Countertenor, wie seine Stimmlage im Volksmund bezeichnet wird. Er verwendet nicht die Falsetttechnik, sondern seine normale Stimme. Anfangs wurde er an der Hanns-Eisler-Hochschule für Musik als »ganz normaler« Tenor ausgebildet. Ob er es in dieser Stimmlage auch bis an die Weltspitze geschafft hätte? Vermutlich schon. Aber im letzten Studienjahr entdeckte einer seiner Lehrer seine außergewöhnliche und seltene Fähigkeit, eine Stimmlage höher zu singen. Der Durchbruch.

Er, der mit neunzehn zunächst Requisiteur an der Staatsoper Unter den Linden gelernt hatte, wurde mit Mitte zwanzig sofort als festes Ensemblemitglied an der Komischen Oper engagiert und von Harry Kupfer gefördert. Zu seinen Starrollen gehörten der Prinz Orlofsky in Strauß' »Fledermaus« oder der Orpheus in Glucks »Orfeo ed Euridice«. Anders als die meisten männlichen Alt-Sänger trat er nicht nur in Werken der Alten Musik auf, sondern wendete sich früh auch der Salonmusik zu.

Eine Kostprobe davon gibt uns Jochen Kowalski auch sogleich im Schlachtraum. Er macht das alte Grammofon an, das er für unseren Besuch extra dort aufgestellt hat, und beginnt zu der Schallplatte, die darauf liegt, zu singen: »Kommt a Vogerl geflogen / setzt sich nieder auf mein Fuß. – Das ist der legendäre Tenor Richard Tauber, der da singt«, erklärt er zwischen den Strophen und singt dann aus voller Brust weiter. Man merkt, wie ihn das Singen mitreißt – wie es ihn bestimmt schon als Kind hier in diesem Raum glücklich gemacht hat.

»Ja, es war Glück, Glück pur«, bestätigt er. »Da kamen die ganzen Leute aus dem Umkreis, dann wurde Kuchen gebacken und Kaffee getrunken und natürlich geschnattert. Und die alten Frauen haben ihre ganzen Schellackplatten von vor dem ersten Weltkrieg mitgebracht. Caruso … wer hätte gedacht, dass in so einem Dorf wie Wachow Hunderte von Caruso-Platten auf den Dachböden rumlagen.« Aber das war noch nicht alles, Jochen Kowalski trug seine Gesangslust auch gleich hinaus in die Welt. »Ich bin auch außerhalb des Dorfes mit den Hunden spazieren gegangen. Da habe ich gerne den ersten Akt Walküre gesungen, aber alle drei Partien, Siegmund, Sieglinde und Hunding. Mit drei verschiedenen Stimmen. Ich weiß nicht, wie das ging. Da haben sie gesagt, jetzt dreht er total durch.«

Das Leuchten, das auf Jochen Kowalskis Gesicht liegt, deutet an, dass die Entscheidung, Sänger zu werden, schon damals für ihn feststand – und dass er nicht nur in der Provinz auftreten wollte.

»Das wusste ich. Ich wusste, dass es nicht Potsdam oder Brandenburg oder Kyritz an der Knatter sein würde. Entweder richtig oder gar nicht. Mindestens Berlin.«

Und die Eltern? Was sagten die, als er, der Fleischersohn, Sänger werden wollte?

»Da hat mein Vater gesagt: Dann werde Sänger. Aber ein guter. Und meine Mutter genauso. Sie haben beide den ersten großen Tri-

umph noch erlebt, Gott sei Dank. Dafür bin ich eigentlich am dankbarsten.«

Dann breitet Jochen Kowalski die Arme aus und blickt entschuldigend auf die Uhr. Er hat gleich eine Probe in Nauen. Das Gute daran: Wir dürfen mitkommen, dürfen ein bisschen zuhören.

Gemeinsam fahren wir mit ihm durch die havelländische Landschaft, über Alleen, die durch Felder führen, vorbei an den großen Windrädern. Auch wenn er heute im Prenzlauer Berg in Berlin lebt – hierher, in die Landschaft seiner Kindheit, kommt er zwischen seinen Gastspielreisen immer wieder, um aufzutanken.

Als wir nach Nauen hineinfahren, entdecken wir allerdings ein Gebäude, auf das er sofort mit einem kleinen, gespielten Schrecken reagiert: seine alte Schule. Weil noch ein bisschen Zeit bis zu seiner Probe ist, kann er jetzt dem Drang nicht widerstehen, noch einmal

einen Blick in das Gebäude zu werfen. Heute heißt es Goethe-Gym-
nasium, früher »Erweiterte Goethe-Oberschule Nauen«. Tatsächlich,
die Tür ist offen, wir schleichen uns in das weiße, geometrisch strenge
Gebäude hinein, das 1916 vom bedeutenden Werkbund-Architekten
Max Taut im Stil der Neuen Sachlichkeit erbaut wurde.

Jetzt, am Nachmittag, sind keine Schüler mehr da. Ein paar Trep-
pen aufwärts, vorbei an diversen Schaukästen, geht es zur Aula. Jochen
Kowalski drückt die Klinke der großen Tür – und schon stehen wir in
einem großen, gelb getünchten Raum, der bei ihm sofort viele Erinnerungen weckt. Nicht nur, dass er gute Lehrer in Deutsch, Englisch und
Musik hatte – da ist auch die Erinnerung an einige seiner ersten musi-
kalischen Auftritte: »Wir haben hier viel schöne Konzerte veranstaltet.
Das hat mir Spaß gemacht. Aber so richtig mit Liebe, wie das alle
immer hören wollen, bin ich nicht in die Schule gegangen. Ich konnte

nie still sitzen. Ich gehe einfach nicht gerne in eine ›Anstalt‹. Schon diese Gebäude, diese Anstaltsgebäude … Ich habe gerne Freiheit.«

Die größte Freiheit, das ist uns längst klar geworden, hat Jochen Kowalski immer in der Musik gefunden, im Gesang, in den außergewöhnlichen Möglichkeiten, die ihm seine Begabung gab. Deshalb ist es umso schöner, dass er uns dann wirklich noch mit zu seiner Probe nimmt. Bei dem Konzert, das er demnächst gibt, wird er wieder einmal etwas ganz Neues ausprobieren, etwas, womit er als Alt-Sänger Neuland betritt. Ein Liederabend mit russischen Romanzen und deutschen Volksliedern. Angestimmt in der größten Kirche von Nauen, St. Jacobi.

Hoch ragt sie zwischen den kleinen Straßen der Kreisstadt auf, die große schöne Backsteinkirche, deren Gründung bis ins frühe 13. Jahrhundert zurückgeht. Der rechteckige Turmunterbau ist sogar ein Überrest aus dem 12. Jahrhundert und diente einst als Wehrturm. Freilich ist von der mittelalterlichen Gestaltung der Kirche kaum mehr etwas übrig, da der Bau 1695 bei einem Brand zerstört wurde. Im spätgotischen Stil neu errichtet, ist die Kirche mit dem fünfundfünfzig Meter hohen Turm heute ein Wahrzeichen von Nauen.

An der Schautafel vor der Kirchentür steht ein Ehepaar, das gerade das Plakat mit der Konzertankündigung von Jochen Kowalski studiert. Als wir mit Jochen Kowalski höchstpersönlich an dem Mann und der Frau vorbeikommen, können sie es zunächst gar nicht glauben, dass wir tatsächlich mit ihm hier eine Konzertprobe filmen wollen. Sie sind doch extra hier, um Karten für das Konzert zu kaufen. Und dann kommt der Meister selbst einfach so vorbeigeschneit? Ob sie wohl – bitte, bitte – auch etwas zuhören dürfen?

Jochen Kowalski lacht über das ganze Gesicht und nickt. Überglücklich lässt das Ehepaar sich in einer hinteren Reihe des schlichten, weißen, stilvoll restaurierten Kirchenschiffes nieder. Wir gehen am Taufstein des Bildhauers und Baumeisters Johann Georg Glume vorbei, der nicht nur die Nauener Kirche schuf, sondern auch den prächtigen Dom der Stadt Brandenburg und den Orgelprospekt der Berliner Marienkirche.

Vor dem barocken Altar, 1710 gestaltet, erwartet uns bereits ein junger Mann mit Gitarre. Es ist der deutsch-russische Gitarrist Vitalij Tatarinovic, mit dem Jochen Kowalski das Konzert einstudieren wird. Auch das hat der Sänger noch nie gemacht: Normalerweise tritt er zusammen mit einem Kammerorchester oder einer Swing-Band auf – diesmal wird er also nur von einer einzigen akustischen Gitarre begleitet. Jochen Kowalski »unplugged« sozusagen.

Die beiden Musiker holen die Noten des ersten Stücks, das sie proben wollen, hervor.

»Da haben wir was ganz Tolles. Ein Text von Puschkin. Eines der schönsten Liebesgedichte der Weltliteratur.«

Und schon hebt das Gitarrenvorspiel an, schon fängt Jochen Kowalski an zu singen, in seiner zarten und doch kräftigen Alt-Stimme, die herrlich den Kirchenraum von St. Jacobi ausfüllt.

Wir winken ihm zum Abschied zu, bedanken uns für die so herzliche, so persönliche Zeit mit diesem außergewöhnlichen Künstler und Menschen. Und lauschen genau wie das Ehepaar noch eine ganze Weile lang auf einer der hinteren Kirchenbänke dem wunderbaren Gesang.

Norbert Kron

Jochen Kowalski   77

»Loslassen können ist das Geheimnis!«

Nina Kronjäger und die Kommune

Ach, die Märkische Schweiz! Sanfte Hügel, glasklare Seen, und das Schilf wiegt sich im Wind. Wir sind kurz vor Buckow und halten das Auto an, um den Blick auf den Scharmützelsee zu genießen. So eine Landschaft hat schon immer viele Menschen angezogen, die im Sommer der Hitze der Großstadt entkommen wollten. Bertolt Brecht und Helene Weigel hatten hier ihr Haus ... Wir müssen noch ein Stück weiter, nach Waldsieversdorf. Ein Luftkurort, wohlgemerkt. Die Schauspielerin Nina Kronjäger hat hier ihre Sommerresidenz – und teilt sie mit vielen anderen Künstlern und Kreativen. Sie nennen es Landkommune. Was das bedeutet, wollen wir uns genauer anschauen. Wir sind zum Mittagessen verabredet.

Auf einem Hügel thronen grau verputzt zwei riesige alte Villen, zu ihren Füßen ein See. Auf dem Gelände ist es still, niemand zu sehen. Keine Spur von Kommune – und wo steckt Nina Kronjäger?

Ein leises Klopfgeräusch führt uns auf ihre Spur. Hinter einem der Häuser finden wir sie. Sie steht an einem verwilderten Hang, der zum See hin abfällt, und schlägt mit dem Vorschlaghammer Pflöcke in den Boden. »Das wird eine Treppe!«, ruft sie uns entgegen und wischt sich den Schweiß von der Stirn. »Ich hab hier im vergangenen Jahr schon einen Weg angelegt und drei Obstbäume gesetzt.« Nina Kronjäger, in braunen Cargo-Hosen und Tanktop, zeigt auf die dünnen Bäumchen, etwas tiefer am Hang. Sie will eine Treppe bauen, damit sie das Obst auch irgendwann ernten kann. Ganz schön unwegsam hier, gar nicht so leicht, für die Kameras einen Platz zu finden. Während wir noch den richtigen Standort suchen, greift die Schauspielerin schon wieder zum Hammer und versenkt Holzpflöcke im von Wurzeln durchzogenen Boden.

Nina Kronjäger ist eine Powerfrau, das ist uns sofort klar. Sie selbst sagt von sich, sie sei hyperaktiv. Schon als Kind habe sie nicht stillsitzen können und sei noch heute ständig in Bewegung. Daher kommt ihr auch das »rumknotteln« im Garten entgegen. Es ist auch ihre Aufgabe in der Landkommune. Die Aufgaben werden hier nach Fähigkeiten vergeben. »Ich gehöre zur Fraktion, die gärtnert und sich um das Essen kümmert«, erzählt die Schauspielerin. Wir aber fragen uns: Wo sind eigentlich die anderen aus der Kommune. Es ist so still!?

Nina Kronjäger lacht. Weil Montag ist, müssten alle anderen arbeiten – »es ist eine Wochenendkommune!« Und sie erzählt uns, was damit eigentlich gemeint ist: Fünfzehn Parteien haben einen Verein gegründet, gemeinsam die beiden großen Villen gepachtet und leben hier am Wochenende zusammen. Dahinter steht die Idee, gemeinsam Verantwortung zu tragen, nicht nur als Kleinfamilie ein Haus auf dem Land zu haben, also Eigentum zu besitzen, sondern es mit anderen zu teilen. Die Aufsicht für die Kinder zu teilen, die Ausgaben und die anfallenden Arbeiten. Für sein Zimmer ist jeder hier nur ein Pate, sagt Nina Kronjäger. »Kleinfamilie ist für mich der Horror«, sagt sie. Und so steckt für sie auch ein bisschen Kommune 1 in Waldsieversdorf!

Der Schauspielerin gefällt das. Ihre Eltern sind Alt-68er, sie war in einem Kinderladen, hat viel in WGs gelebt. Und ihren Kindern möchte die Schauspielerin ähnliche Erfahrungen ermöglichen. Sie kommt seit zwei Jahren regelmäßig hierher und bringt die neunjährigen Zwillinge Lucille und Lennon mit. Mit deren Vater, dem Schauspieler Thomas Heinze, ist sie nicht mehr zusammen. Nina Kronjäger hatte bis vor

kurzem keinen neuen Partner und war meistens mit beiden Kindern allein, gerade deswegen ist dieser Ort und das Modell Kommune für sie eine solche Erleichterung. »Ich komm hierher, und irgendeiner von den Männern schnappt sich sofort meinen Sohn Lennon und macht mit ihm im Garten ein Feuer. Das ist toll.«

Nina Kronjäger legt den Hammer beiseite und führt uns in die Werkstatt, die sich im Keller eines der Häuser befindet. Gemeinsam sägen wir einige Bretter für ihre Treppe zurecht.

Eine tolle Werkstatt! Nur die Säge ist ein rostiger alter Fuchs-schwanz ... kann man der Kommune nicht eine neue stiften? Das ist der Job der Werkstattgruppe. Es gibt außerdem eine Heizungsgrup-pe, die sich um den Einbau einer Solar-Heizung kümmert, und eine Mitstreiterin hat Möbel besorgt, erzählt Nina Kronjäger. Sie selbst ist erst später dazugestoßen und beruflich sehr eingespannt, deswegen

sei sie eine der »faulen Säue«, die sich in die Gemeinschaftsaufgaben nicht so reinhängt. Dafür setzt sie eben Obstbäume, und neulich hat sie eine Waschmaschine gekauft. Jeder wie er kann und möchte, das ist hier die Devise.

Wir sind neugierig und wollen mehr sehen. Nina Kronjäger zeigt uns das Gelände. Zu DDR-Zeiten waren diese Häuser und das riesige Grundstück ein Kinderferienheim. Noch heute kommen manchmal Menschen vorbei, die als Kinder hier waren, und erzählen den neuen Bewohnern kleine Anekdoten: wo sie ihre Fresspakete versteckt hielten und wo sie ihre ersten Küsse austauschten. Nach der Wende übernahm dann der *Christliche Verein Junger Männer* die Heime, später standen sie leer. Die Gemeinde wollte sie verpachten. Und die Künstlerkommune hatte die beste Idee. Für die Gemeinde war entscheidend, dass hier keine Eigentumswohnungen entstünden, wie auf vielen Nachbargrundstücken.

»Wir sind ein gemeinnütziger Verein, ein Kunst- und Familienverein. Und wir sind offen für andere. Bei uns kann man wohnen, für zehn Euro am Tag«, sagt die Schauspielerin. In den beiden Villen waren schon Kitagruppen zu Gast, und auch befreundete Künstler sollen hier für wenig Geld wohnen, um sich eine Auszeit nehmen zu können. Wer längere Zeit nicht kommen kann, stellt sein Zimmer Gästen zu Verfügung.

Nina Kronjäger führt uns in die zweite Villa, die näher am See steht. Vom Flur kommen wir gleich in die riesige Küche, die bis zur rückwärtigen Wand des Hauses reicht, wo große Fenster einen tollen Blick über den See eröffnen. Zwei Holztische, ein paar alte Stühle und ein Sofa sind die einzigen Einrichtungsgegenstände – und seit letztem Winter auch ein bulliger Ofen. Ist der Ofen angeheizt, ist er beliebter Treffpunkt der Kinder. Vor allem freitags, wenn das Haus nach der Woche ohne Bewohner ziemlich ausgekühlt ist. In den anderen Räumen heizen die Kommunarden noch mit Radiatoren – bis dann die Solar-Heizung hoffentlich im kommenden Winter fertig sein wird.

Es ist idyllisch, aber vieles ist auch provisorisch und unfertig. Wohin wir blicken, sehen wir Arbeit: ein kaputtes Vordach, alte Fensterrahmen. Nina Kronjäger scheint das nicht zu stören. Sie packt gerne an, hat eine große Klappe und kann über vieles einfach hinwegsehen. Gemacht werde, was nötig sei. »Eine Heizung ist eben wichtiger als ein neues Vordach«, sagt die Schauspielerin.

Und vieles ist hier – gerade auch mit Kindern – unkomplizierter. »Wenn wir hier ankommen, erstmal Essen abliefern in der Küche und dann ab in den See!« Fernsehen dürfen alle Kinder hier nur in Ausnahmefällen (wenn die Großen in Ruhe essen wollen), das Leben spielt sich hauptsächlich draußen ab, vor allem im Sommer: Auf-Bäume-Klettern, Käfer sammeln, durch den Garten rennen, im See schwimmen. Ihre Kinder erkennt die Schauspielerin nach ein paar Stunden nicht wieder. Nicht nur, weil sie sich hier grundsätzlich die Haare nicht kämmen. »Meine Tochter geht sonst immer nur im Bikini baden – hier wetzt sie plötzlich nackt über den Steg!«

Im ersten Stock der See-Villa hat die Schauspielerin ein Zimmer. Klein ist es, nur mit einem Bett und einer Kleiderstange eingerichtet – und einer sehr englischen Tapete an der Wand: sie ist cremefarben mit blauen Blumen-Ornamenten und macht das Zimmerchen sofort gemütlich. Nina Kronjäger ist Tapetenfan. Die Kinder haben einen Alkoven, eine Holzleiter führt hinauf in die kleine Kammer auf halber Höhe. Nur eine Matratze findet hier Platz. Früher war das eine Speisekammer. Für die Zwillinge ist es ein Abenteuer, in diesem ungewöhnlichen Bett zu schlafen!

Nina Kronjäger will sich umziehen, raus aus den Gartenklamotten. Wir gehen derweil in die Küche und bereiten das gemeinsame Mittagessen vor. Die Schauspielerin hat eingekauft, und auch das Essen ist angenehm unkompliziert: Mozzarella liegt im Kühlschrank, ein paar Tomaten auf dem Tisch. Essig, Öl und ein bisschen frisches Weißbrot. Fertig! Und da ist auch unsere Gastgeberin schon wieder, jetzt im Frühlingskleid mit Blumendruck.

Mit den Tellern schon in der Hand, pflückt Nina Kronjäger noch schnell ein paar Blätter frisches Basilikum. Wir suchen uns einen Platz im Garten mit Blick auf den See. Traumhaft.

Aber will man den Garten nicht auch mal für sich alleine haben? Den Vorteil einer Kommune haben wir begriffen, aber was ist der Nachteil? Hat Nina Kronjäger hier auch mal Zeit für sich selbst? »Na klar«, sagt sie zwischen zwei Bissen Mozzarella. »Jeder hat die Freiheit sich zurückzuziehen. Ich bin allerdings so 'ne Kandidatin, ich bin immer eine der letzten am Lagerfeuer und noch 'n Bier ...« Man glaubt es ihr sofort. Dass sie mal allein hier ist wie heute, komme ganz selten vor.

Nina Kronjäger hat so eine Art – sie scheint sich nicht groß den Kopf über morgen zu zerbrechen. Sie lebt von Tag zu Tag. Und scheint dabei meistens zu wissen, was sie will. Ihre Schauspielausbildung hat sie an der renommierten Münchner Otto-Falckenberg-Schule gemacht und war ein Jahr festangestellt am Theater. Dann hatte sie keine Lust mehr auf die Hierarchien, sagt sie. Wenn sie jetzt Thea-

ter macht, dann nur mit René Pollesch, dem Volksbühnen-Regisseur, der als Radikal-Denker gefeiert wird. Sie sind eine eingeschworene Gruppe, die da zusammenspielt, das gefällt Nina Kronjäger. Aber nach sechs oder acht Wochen ist es wieder vorbei. Dann steht vielleicht der Dreh für eine Fernsehserie an. Sie mag die Unabhängigkeit und die wechselnden Herausforderungen. Weil es eben kein fester Job ist mit klaren Arbeits- und Urlaubszeiten, ist der organisatorische Aufwand enorm. Ihre Mutter und ihre Freunde unterstützen sie und der Vater der Kinder. Zehn Jahre lang war Nina Kronjäger mit dem Schauspieler Thomas Heinze liiert. Heute sind sie gute Freunde.

Die Kinder sind in der Trennungsphase entstanden, erzählt die 45-Jährige. »Wir haben dann gesagt, wir wollten doch eigentlich mal Eltern werden. Also, dann sind wir nicht mehr zusammen, aber gemeinsam Eltern zu sein, können wir uns schon noch vorstellen.«

Nina Kronjäger lebt Patchwork. Mit Thomas Heinze hat sie Zwillinge, der Schauspieler hat mittlerweile ein weiteres Kind. Und der neue Freund von Nina Kronjäger hat eine Tochter. Wie das funktioniert, kann sie uns überzeugend erklären. Loslassen können sei das Geheimnis – und sie müsse es jedes Mal wieder üben. Gerade etwa sind die Kinder im Urlaub mit dem Vater, drei Wochen lang. »Dann weiß ich, dass meine Tochter da manchmal ein bisschen leidet. Weil sie mich drei Wochen nicht um sich hat. Aber mein Sohn wiederum leidet, wenn er seinen Papa drei Wochen nicht sieht.«

Gemeinsam mit Thomas Heinze hat sie gerade eine Firma gegründet, sie wollen Filme zusammen produzieren. Damit sie auch noch Jobs finde, wenn sie keiner mehr besetze, schließlich sei sie schon über 40, sagt Nina Kronjäger lachend. Nie hat sie in den ganz großen Kassenschlagern gespielt, sich aber oft die Rollen und Filme gesucht, in denen sie ihr komödiantisches Talent beweisen konnte. In *Abgeschminkt* von Katja Riemann war sie dabei. Und wir erinnern uns nur zu gut an *Wir sagen Du, Schatz* – ein herrlicher Film über einen Mann, der sich kurz vor Weihnachten eine Familie zusammenklaut – Nina Kronjäger gibt die Ehefrau.

Wir genießen die Sonne und blicken auf den See. Da wollen wir jetzt aber auch noch hin! Eine Bootsfahrt hat Nina Kronjäger natürlich längst eingeplant und uns ein Kanu und ein Ruderboot organisiert. Wir stechen in See und machen tolle Bilder: wie das Kanu durch goldglitzerndes Wasser gleitet. Ein paar Enten schaukeln gemütlich vorbei, und blitzblau strahlt der Himmel. Wir paddeln zum Ende des Sees, durch einen schmalen Kanal, unter einer Brücke hindurch und landen in einem wunderbar verwunschenen und unberührten Stück Natur. Das Schilf wächst meterhoch, moderige Wurzeln ragen aus dem Wasser. Ein Kranich schwingt sich auf. Es ist ein Landschaftsschutzgebiet, hier haben Nina und ihre Kinder sogar schon Biber gesehen. Dass ihre Kinder eine Beziehung zur Natur haben, ist der Schauspielerin wichtig. Sie selbst ist in einer Kleinstadt aufgewachsen und war viel draußen, im Garten bei ihrer Oma, sagt sie.

»Hier auf dem Land merkt man eben, wie alles zusammenhängt und was es bedeutet, wenn dann das Eis vom See weg bricht, und was es da für ein Geächze gibt. Und das alles ist sehr beeindruckend«, sagt Nina Kronjäger, wischt sich eine Haarsträhne aus dem Gesicht und nimmt das Paddel wieder auf.

Was für ein schönes Schlusswort für einen wunderbaren Tag! Wir schalten die Kameras aus und paddeln in der Abendsonne gemächlich zurück. Wir genießen die milde Luft, hängen die nackten Füße ins seidige Wasser – und beneiden Nina Kronjäger ein ganz klein wenig darum, dass sie noch viele Male in diesem Sommer in diesen See springen kann.

Anna Bilger

»*Jeder gute Künstler ist zutiefst ein Wahrheitssucher*«

Kirschen pflücken mit Dani Levy

W as für eine idyllische Dorfeinfahrt: Weiden säumen die schmale Straße, kleine Häuschen stehen herausgeputzt zu beiden Seiten, und im Augenwinkel blitzt ein Dorfbach, der sich durch das saftige Land schlängelt. Dass der Mann, bei dem wir gleich verabredet sind, hier draußen im hintersten Winkel der Mark ein Häuschen haben soll, können wir kaum glauben. Sicher, viele bekannte Filmleute, die Berlin in den letzten zehn, fünfzehn Jahren angezogen hat, haben sich mittlerweile einen Landsitz zugelegt, aber bei ihm war das doch ein bisschen überraschend. Weil er Schweizer ist, weil er so gar nicht in das Klischee der neuen, schnellen, aufgeregten Glamourwelt der Filmbranche passt. Weil er schon in den achtziger Jahren nach Westberlin »eingewandert« ist, ein Independent-Filmemacher, der seinen ersten bekannten Film über eine typische WG im Schatten der Mauer drehte. Und dieser Dani Levy soll sich nun auch ein Landdomizil in Brandenburg zugelegt haben, ein schick herausgeputztes Herrenhaus etwa, in dem er auf Hollywood in Brandenburg macht?

Wir sind gespannt. Ruhig und verwunschen liegt alles da, überhaupt nicht aufgedonnert, und insofern passt dieses Dorf – ach was, dieses Dörfchen – eben sehr gut zu ihm. Während wir weiter über die Dorfstraße von Mögelin dahinholpern, immer entlang des Baches, an dessen Stegen Boote schaukelnd im Wasser liegen, fallen uns die Filme ein, die er gemacht hat. »Alles auf Zucker«, sein größter Erfolg, die Komödie über einen lebenslustigen jüdischen Berliner, gespielt von Henry Hübchen, der Besuch von seiner orthodoxen Verwandtschaft aus Israel bekommt. »RobbyKallePaul«, die köstliche Dreiecksgeschichte, in der der ewige Student Robby den Spießer Paul in seine WG aufnimmt, weil sein Mitbewohnerfreund Kalle ihm seine Freundin Henny ausgespannt hat. Oder »Mein Führer«, der Skandalfilm, die groteske Story eines deportierten jüdischen Schauspiellehrers (Ulrich Mühe), der den depressiven Adolf Hitler (Helge Schneider) für eine kriegswichtige Rede wieder auf Vordermann bringen soll.

Und dann stehen wir plötzlich vor dem Haus, über dessen Schaufenster in alten Lettern »Lebensmittel« steht. Das muss der alte Konsum sein, den er zu seinem brandenburgischen Zuhause hergerichtet hat. Dieser verfallene, verwaiste Laden, der so aussieht, als sei die Zeit 1989 stehen geblieben? Jetzt wird uns langsam klar, warum er uns gesagt hat, dass wir die Ersten seien, die hier filmen dürften. Hinter den dreckigen Scheiben ist nichts zu erkennen, und die Tür zum Laden kann man nicht öffnen. Aber es gibt keinen anderen »Lebensmittel«-Laden weit und breit. Entweder hat er sich mit uns einen Scherz erlaubt, oder wir versuchen es mit dem kleinen Gartentürchen neben dem Haus. Tatsächlich, es lässt sich öffnen.

Ein Pfad führt durch hohes Gras am verfallenen Konsum vorbei dorthin, wo der Bach sein muss. Schöne Obstbäume stehen hier. Kirschbäume. Jetzt sehen wir, dass eine Krone sich bewegt. Es raschelt. Und tatsächlich, ist das möglich, ist er das dort oben?

»I bin's, i bin's, i bin's! I bin so viele Wochen nicht hier gwesen«, ruft er mit stark schweizerischem Zungenschlag und steigt von der Leiter herunter. Er sieht verstrubbelt aus, als wäre er vor dem Kirschenpflücken gerade aufgestanden, und trägt legere Klamotten, die den Hippie, der er einmal gewesen sein muss, noch erkennen lassen. Wir können nicht anders, als uns auch einige der rotleuchtenden Früchte zu zupfen.

»Ich übernehme keine Verantwortung dafür, was in den Kirschen drin ist«, lacht er und fügt dann nochmal auf Schwyzerdytsch hinzu: »Dasch sin alles tholle Kirschen.« Auf Hochdeutsch: »Tollwütige Kirschen.«

Er gibt uns die Hand mit einem frechen Bubenlachen, das hinter seinen großen Brillengläsern hervorleuchtet, und heißt uns willkommen. Schon klar, dass er nur einen Spaß macht. »Nein, ist alles gut. Die Vögel liegen ja auch nicht als Leichen hier rum.«

Schön hat er es. Ein verwilderter romantischer Garten, der offensichtlich weiter zum Wasser hinabführt. Zwanzig Schritt weiter steht noch ein Häuschen, eine Art Gartenhaus, das im Gegensatz zum alten Konsum renoviert zu sein scheint. Ob es da zum Wasser geht?

»Nein, da kommt die Autobahn.« Er deutet an dem Häuschen vorbei und geht uns voraus. »Dahinter gleich. Hier ist die Autobahn.«

Und für einen Moment hat er uns tatsächlich noch einmal an der Nase herumgeführt. Denn als wir um das Häuschen herumbiegen, sind wir nicht nur verblüfft, dass hier von Autos weit und breit keine Spur ist, sondern dass sich der Bach, den wir vorher sahen, zu einem kleinen See weitet. Eine Flussbiegung, hinter der sich das freie Land öffnet, Felder, Wiesen, der Horizont, über dem ein hoher Himmel hängt, mit luftigen Wolken, die ins Blau getupft sind. Unglaublich. Vollkommene Ruhe. Selten hat man einen so ruhigen, so idyllischen Ort wie diesen gesehen.

Dani Levy geht uns voraus auf den kleinen Bootssteg, der in die Flussbiegung reicht. Hohe Bäume ragen vom Ufer herüber, rechts und links grenzen Gärten anderer kleiner Häuser an, dort scheint aber niemand zu Hause zu sein.

»Schön, nicht?«, sagt er mit bescheidenem Stolz in der Stimme. Und erzählt uns, wie er dieses Grundstück in der Zeitung annonciert fand und mit seiner Familie zum ersten Mal hier heraus fuhr. »Das war Ende November. Da fuhren wir um drei, vier Uhr nachmittags über die Autobahn in Brandenburg hier ab, und es wurde immer dunkler, es hat geregnet, es waren wirklich die miesesten Bedingungen, um sich die Gegend anzusehen. Dann kamen wir hier ran ans Wasser, und es war Liebe auf den ersten Blick. Selbst Ende November, bei Pisswetter, war es so schön. Ich bin jetzt seit fast zehn Jahren hier, und es ist jeden Tag, an dem ich das sehe, irgendwie irre.«

Stimmt denn, dass er die Drehbücher für seine Filme zum großen Teil auch hier schreibt? Er nickt, und tatsächlich, wenn man in diese Weite guckt, könnte man glauben, dass einem die Gedanken mit dem Wind zufliegen. Aber andererseits scheint uns die Schönheit auch zu verführerisch – sich einfach nur auf den Steg zu setzen, auf die Natur zu blicken und sich zu denken: lass doch das Drehbuch bleiben.

»Nein, das geht mir überhaupt nicht so«, sagt Dani Levy. Seine Stimme ist jetzt ganz bestimmt, wir spüren den Künstler in ihm, der von seiner Arbeit getrieben wird. »Also, ich ich nutze den Ort schon, indem ich hier laufen, spazieren oder schwimmen gehe. Oder Sauna mache. Denn ich bin ein riesiger Saunafreak.«

Er hat eine Sauna hier? Wir blicken uns überrascht nach seinem Häuschen um, das mit seiner kleinen Terrasse und dem noch kleineren Balkon ziemlich einfach aussieht.

»Ja, die Sauna war das Erste, das wir gebaut haben. Ich glaube, es gab hier eine Sauna, bevor es ein Bett gab.« Abgesehen davon, dass er die Sauna zur Entspannung bei seiner kreativen Arbeit benötigt, nutzt er die kostbare Zeit hier draußen konsequent.

»Auch wenn es nur drei, vier oder fünf Tage sind: Ich bin dann einfach mal weg von der Familie. Das ist für mich Quality-Time. Da öffnet sich eine Art Ventil, ich habe das Gefühl: Jetzt spritzt das, was ich schreiben möchte, aus mir raus. Ich kann hier Tage und Nächte durchschreiben. Und wie gesagt, bei jeder Witterung. Deshalb finde ich es hier so schön.«

Wir stehen auf dem Steg und staunen in die Idylle. Natürlich, hier herrscht die perfekte Ruhe, um sich ganz in ein Filmtreatment oder ein Drehbuch zu versenken. Dani Levy ist verheiratet, hat Kinder – zu Hause in seiner Berliner Wohnung heißt das immer auch, von den familiären Alltagspflichten aus der Konzentration herausgerissen zu werden. Hier dagegen stört niemand, hier kann er ganz den eigenen Themen nachgehen, sich den Abgründen und Sehnsüchten widmen, um die es in seinem Werk immer wieder geht. Der ironische Blick von außen, das Hinterfragen der Rolle, die man im Leben spielt ... Das gehört zu dem besonderen Levy-Humor, von dem sein filmisches Erzählen geprägt ist, bei dem es auch immer um seine eigenen Wurzeln geht, seine jüdische Herkunft.

Wir schlendern vom Steg zum Häuschen, lassen uns auf der hübschen kleinen Terrasse am Tisch nieder. Wie war das eigentlich damals, als er nach Berlin gegangen ist? Warum zieht ein Schweizer Jude in den achtziger Jahren in die Mauerstadt? Schließlich war Dani Levy als junger Mann zunächst als Clown und Akrobat mit dem Schweizer Zirkus Basilisk unterwegs, ehe er am Theater Basel Schauspieler wurde – ohne eine Schauspielschule besucht zu haben. Nachdem er dort drei Jahre verbrachte hatte, begab er sich auf einen USA-Trip, der zwei Jahre dauern sollte. Erst als er 1980 nach Europa zurückkehrte, wurde er sesshaft – eben in Westberlin, wo er ein Engagement im Theater Rote Grütze bekam und von nun an Stücke für Kinder und Jugendliche inszenierte. Sicher, seine damalige Freundin, die Tochter des Theaterbesitzers, war bei dieser Entscheidung ausschlaggebend. Und doch spielten noch andere Gründe eine Rolle, warum er sich nach all den Reisen seinen Wohnsitz ausgerechnet in Berlin suchte.

»Ich bin als Abkömmling von deutschen Juden, die 1939 vor Hitler geflüchtet sind, in der Schweiz aufgewachsen und natürlich sozialisiert von der Schweizer Umgebung. Und ich bin nach Berlin zurückgekehrt, in die Heimat meiner Vorfahren, in das belastete Deutschland, um mich hier sozusagen zu entblättern und zu entpuppen. Und zu einem Künstler

zu werden, der hier ein Stück jüdische – und letztlich subversive – Kultur macht und dafür auch geliebt wird. Das war echt ein Weg.«

Es macht Dani Levy aus, dass er diesen Schritt damals getan hat und sich im Nu als eigenständige, unverkennbare Stimme im jungen deutschen Film etabliert hat. Jemanden wie ihn gab – und gibt es – in der deutschen Filmlandschaft kein zweites Mal.

Die Tischdecke weht auf im Wind, er springt auf: »Das sieht ja nicht hübsch aus.« Und weil keine Klammern zum Festmachen da sind, stellt er einfach die Dose mit Zucker darauf. »Alles auf Zucker« sozusagen. Ganz von selbst sind wir damit beim jüdischen Humor. Was hat es mit diesem berühmten Humor auf sich?

»Na, ich meine, es gibt einen jüdischen Humor, genauso wie es einen Berliner Humor gibt. Es gibt wahrscheinlich auch einen speziellen Humor in Brandenburg, ja, ich würde sogar sagen, es gibt einen

Havelländer Humor, wenn ich die manchmal so höre, wie die so sind.«
Er deutet nach rechts und links zu den Grundstücken seiner Nachbarn. »Und das Lustige ist: Es gibt Verbindungen. Ich habe gemerkt,
als ich den Film ›Alles auf Zucker‹ gemacht habe, dass der ostdeutsche
Humor und der jüdische Humor ganz viele Parallelen haben.«

Wir schmunzeln, es ist ein hübscher Gedanke, den Dani Levy da
formuliert hat. Wie oft wird das Brandenburgische doch mit dem
Preußischen in Verbindung gebracht, wie oft wird dem Ostdeutschen
noch immer der Jammergestus angehängt? Aber Dani Levy ist etwas
ganz anderes bei seinen Nachbarn im Havelland aufgefallen – etwas
was das Jüdische und das Ostdeutsche gemein haben.

»Natürlich ist es beide Male eine Art Humor der Unterdrückten.
Ich sage das in Anführungsstrichen. Es ist ein Humor, der dort am
besten gedeiht, wo er eigentlich nicht wirklich gestattet ist und wo aus

dem einen oder anderen Grund die Freiheit eingegrenzt wird. Und dieser Humor, bei dem man so leicht von unten nach oben guckt und sagt: ›Piek!‹«, er piekt mit dem Finger in die Luft, »jetzt mache mal so einen Witz in diese Richtung oder ich nehme mich in meiner Situation, in der ich so darbe, selbst auf den Arm – das war für mich ein entscheidender Schlüssel zum Leben hier.«

Meint er damit wirklich das Leben im Havelland, in dem kleinen Dorf Mögelin? Er nickt – erzählt von sich, von den Fragen, die ihn beschäftigen, seit er sich seinen kleinen, kreativen Rückzugsort in der Idylle eingerichtet hat. »Ich bin fünfzig geworden. Und ich befinde mich in der schönen krisenhaften Situation, in der ich nicht weiß, was ich überhaupt im Leben noch weiter tun soll.« Und er fügt auf unseren ungläubigen Blick hinzu: »Doch, doch. Ich bin sehr wahrheitsschürfend.«

Aber sind nicht gerade Regisseure Menschen, die ganz genau wissen müssen, wo es lang geht? Auch wenn die ernsthafte Suche nach der künstlerischen Wahrheit unabdingbar ist, zumindest wenn man glaubhafte Filme machen will und sich nicht einfach dem Kommerz verschreibt … Es kommt uns unvorstellbar vor, dass ein Regisseur sich und sein Tun derart hinterfragt. Der Prozess des Filmemachens bedarf schließlich immenser Vorbereitung und permanenter Kontrolle. Vielleicht kokettiert er jetzt doch ein bisschen mit seinem Erfolg?

Er schüttelt vehement den Kopf. »Jeder gute Künstler ist zutiefst ein Wahrheitssucher. Und er ist auch jemand, der sich von Zeit zu Zeit selbst zutiefst misstraut und Angst vor Mittelmäßigkeit hat. Er hat Angst, sich zu wiederholen, unbedeutend und nutzlos zu sein. Entschuldigung, das treibt mich doch auch an. Das ist ein wichtiger Treibstoff meiner Arbeit, dass ich immer wieder am Tasten und Suchen bin – und mich hinterfrage.«

Der Wind weht in die Tischdecke hinein, das Wasser an der Flußbiegung bildet Wellen und schlägt gegen den Steg. Was für eine intensive Naturerfahrung – und was für ein ehrlicher, tiefer Blick in die künstlerische Seele eines Filmemachers. Dani Levy gibt sich so ungeschminkt, dass er uns auch die nächste Frage nicht übel nimmt: Könnte er sich wirklich vorstellen, dass er eines Tages sagt: Ich höre auf, Filme zu machen, kaufe mir zum Beispiel ein Boot und werde vom Fischfang leben? Wohl kaum, oder?

Er zögert einen Moment. Blickt uns dabei mit einem Blick an, aus dem man spürt, dass er sich wohl wirklich schon mit solchen Gedanken auseinandergesetzt hat. Aber zugleich ist da eine Energie, ein Feuer in seinen Augen, das klar macht, dass er diesen Schritt niemals tun würde.

»Es gibt in mir auch eine Seite, die manchmal denkt – ich sage das mal ganz pathetisch –: Braucht Deutschland Dani Levy? Braucht man Dani-Levy-Filme? Braucht man überhaupt Filme?«

Wir locken ihn aus der Reserve und sagen: Nein.

»Danke schön!«, sagt er grinsend. »Deswegen mach ich weiter.«

So ist es mit diesem Mann: Die ernstesten Fragen enden mit einem Lachen. Ein Gelächter, das die Zweifel nicht einfach mit einem platten Gag weglacht, sondern doppelbödig, selbstironisch, zutiefst menschlich ist. Es ist großartig, einen Künstler zu erleben, der tatsächlich mit jeder Faser seines Seins ringt, der immer wieder in den Spiegel blickt und zwar nicht aus purem Narzissmus, sondern aus Selbstbefragung. Der traurige Clown, wie er ihn aus den Tagen im Wanderzirkus kennt, wird wohl auch immer Dani Levys Rolle sein. Vielleicht ist das sein Glück – denn aus dieser Rolle schöpft er seine Filmgeschichten.

Dann führt uns Dani Levy natürlich auch noch durch sein Häuschen. Es ist alles etwas unaufgeräumt, die kleine Küche, das Wohnzimmer, in dem Kinderspielsachen liegen, auch das Balkonzimmer im ersten Stock, wo ein Fernseher mit Videogerät steht. Beim Hinabsteigen über die enge Treppe fällt uns noch eine Tür auf. Was sich dahinter befindet? Natürlich, die Sauna. Nun kennen wir also auch Dani Levys geheimsten Rückzugsort.

Als wir uns wieder auf den Weg machen, begleitet er uns hinaus auf die Straße. Jetzt stehen wir wieder vor dem verfallenen Laden mit dem geschwungenen Schriftzug »Lebensmittel«. Ja, der Laden gehört

auch zu seinem Grundstück, aber renovieren, sagt Dani Levy, will er ihn vorerst nicht. »Ich würde nur gern das ›L‹ am Ende wegnehmen«, sagt er lachend.

Lebensmitte, ja klar. Ein Mann in der Lebensmitte, der hier draußen zu sich findet. »Gefühlsmäßig«, sagt er, »ist es so.« Wir danken ihm herzlich, dass wir zu Gast sein durften in seinem Idyll, das zumindest in seinen kreativen Auszeiten, die er sich hier draußen nimmt, tatsächlich sein Lebensmittelpunkt ist. Er winkt noch, als wir davonfahren, und ruft: »Fahrt gut, passt auf. Die Straßen sind gefährlich.«

Gefährlich für das Fahrwerk unseres kleinen grünen Oldtimers vielleicht … Denn sonst ist hier weit und breit kein Mensch und kein Auto zu sehen.   *Norbert Kron*

100

»Ich wollte eigentlich immer nur frei sein ...«

Mit Anna Loos in Brandenburg

Kalt ist es an diesem Herbsttag, schwere Wolken hängen über dem weiten Land, das sich rot und gelb zu färben begonnen hat, und auch wenn der Regen rechtzeitig aufgehört hat, wird unser Plan wohl ins Wasser fallen. Die Frau, mit der wir verabredet sind, wollte mit uns nämlich in eine Eisdiele gehen.

Diese Eisdiele, so hat sie uns am Telefon gesagt, war ein Dreh- und Angelpunkt in ihrem Leben, solange sie noch hier wohnte: in Brandenburg an der Havel. Heute lebt Anna Loos in Berlin, tritt als erfolgreiche Schauspielerin und Sängerin in ganz Deutschland auf und hat mit ihrem Mann, dem Schauspieler Jan Josef Liefers, zwei Töchter. Wir wissen es also sehr zu schätzen, dass sie sich die Zeit nimmt, uns ihre alte Heimatstadt Brandenburg aus ihrer ganz persönlichen Erinnerung zu zeigen.

Da man nicht in die Innenstadt fahren kann, parken wir das Auto am Stadtrand und überqueren zu Fuß die Havel, um in der Fußgängerzone, durch die die Straßenbahn fährt, zu unserem Treffpunkt zu finden. Es handelt sich um einen berühmten Brunnen, der einer Brandenburger Legende gewidmet ist: Fritze Bollmann. Als wir den schönen Brunnen mit der Figur erreichen, kommt auch schon Anna

Loos. Sie ist eine kleine, schlanke Frau mit blondem Haar und auffallend großen, leuchtenden Augen. »Hallo«, ruft sie uns zu und erzählt uns gleich, dass der Brunnen in Brandenburg eine der wichtigsten Sehenswürdigkeiten ist. »Zu ihm gibt es auch ein Lied. Das steht hier auch geschrieben.«

Sie singt uns eine Strophe vor:
»Fritze Bollmann wollte angeln gehn,
da fiel die Angel rin.
Fritze Bollmann wollt se' wieder langen,
da fiel er selber rin. –
Leider haben sie den Brunnen umgebaut«, sagt sie. »Das finde ich schlimm, denn früher war hier ein kleiner Rand mit Wasser, da haben die Leute Geld reingeschmissen. Und wir haben es uns als Kinder rausgeholt und Eis davon gekauft.«

Hier beginnt offensichtlich die Geschichte mit der Eisdiele ... Ehe wir nachfragen können, müssen wir unsere Dreharbeiten unterbrechen. Die ersten Autogrammjäger sind auf Anna Loos aufmerksam geworden – und auch die Lokalpresse hat Wind davon bekommen, dass der größte Star von Brandenburg für unsere Fernsehaufnahmen heute in der Stadt ist. Mehrere Reporter wollen mit Anna Loos ein Interview machen und sie vor dem Bollmann-Brunnen fotografieren. So schön es ist, dass wir mit unseren Dreharbeiten diesen kleinen Rummel ausgelöst haben – jetzt müssen wir erstmal warten, bis alle Fans und Journalisten zu ihrem Recht gekommen sind.

Eine halbe Stunde später können wir die Kameras wieder starten. Nun also die lang erwartete Frage: Was hat es mit der Eisdiele auf sich, die sie uns zeigen will? Wir folgen ihr durch die Fußgängerzone, gehen durch das Nadelöhr einer ganz schmalen Gasse hindurch und biegen rechts um die Ecke. »Gleich gibt's einen Eisbecher«, sagt Anna Loos voller Vorfreude. Aber dann stehen wir vor einer bösen Überraschung: Die Eisdiele hat dicht gemacht – nicht nur wegen der kalten Jahreszeit, sondern weil das Haus völlig runtergekommen ist. Die Fenster sind mit Plakaten beklebt, die Tür ist verrammelt. Im ehemaligen Eingang liegt zwar eine alte Eistüte, aber die scheint jemand irgendwann im Vorbeigehen hier weggeworfen zu haben, vielleicht auch jemand, der an der Haltestelle wenige Meter weiter auf den Bus wartete.

»Hier waren zwei große Schaufenster«, verfällt Anna Loos in Kindheitsnostalgie. »Hier bist du reingegangen, und da hinten war die Theke. Meistens haben wir uns Eis in der Waffel geholt, so wie die, die da noch rumliegt. Ein Eis nach dem anderen gegessen, gequatscht und meinen Bus nach Hause verpasst.«

Seltsam, obwohl es eigentlich nichts mehr zu sehen gibt, reichen diese zwei, drei Anhaltspunkte aus, und vor dem inneren Auge rattert ein alter Super-8-Film-Projektor und malt uns in rotstichigen Farben die Bilder einer typischen DDR-Jugend auf die Leinwand. Anna Loos ist hier 1970 als Tochter einer Krankenschwester und eines Ingenieurs auf die Welt gekommen, mit zwölf finanzierte sie sich vom eigenen Taschengeld den ersten Gesangsunterricht. Sie wohnte ein Stückchen außerhalb, und wenn die Schule aus war, hing sie mit ihrer Clique hier in der Eisdiele ab. Das war auch die Zeit, in der sie mit der DDR-Rockmusik in Berührung kam, die noch eine große Rolle in ihrem Leben spielen sollte.

Weil wir uns in der Eisdiele nicht zum geplanten Gespräch niederlassen können, schlägt sie uns ein anderes Café vor. »Allerdings saßen wir da immer auf dem Balkon. Eigentlich ein bisschen kalt jetzt.«

Aber das kann uns alles nichts mehr anhaben. Weil wir nun schon auf den Spuren ihrer Jugend wandeln, wollen wir uns wenigstens den Balkon des Cafés ansehen, der direkt über die verkehrsberuhigte Hauptstraße der Stadt hinausragt. Was empfindet sie, wenn sie hierher zurückkommt?

»Es hat sich positiv verändert. Alles ist schön bunt geworden, nicht mehr so grau wie früher.«

Anna Loos ist mit achtzehn aus Brandenburg an der Havel geflohen – und ist »rübergemacht« in den Westen. Ein Jahr vor der Wende floh sie über die Tschechoslowakei und Ungarn in die BRD, wo sie dann in Hamburg aufs Gymnasium ging. Obwohl sie es damals in der DDR nicht mehr aushielt, ist zu spüren, dass ihre Heimatverbundenheit zu Brandenburg nicht gespielt ist, kein vorgegaukeltes Ostalgie-Gefühl, das sich vielleicht gut fürs Image macht.

»Ich finde, der Osten hat in der Kindheit und Jugend wirklich funktioniert. Es war alles super. Und ich wusste auch gar nicht, was ich machen will mit meinem Leben. Aber ich wollte einfach frei sein, wollte immer gucken, was da kommt.« Als sie das Zuhause für die Flucht in den Westen hinter sich ließ, war sie noch in der Pubertät, der Freiheitsdrang war riesig. Trotzdem muss ihr der radikale Schritt doch auch weh getan haben.

»Nein, null! Mir war alles egal. Ich wollte einfach weg hier, wollte frei sein. Meine Eltern wussten auch nichts davon, denn meine

Schwester hatte eine Freundin, die abgehauen ist. Die haben sie ge-kriegt, worauf meine Schwester von der Stasi abgeholt worden ist. Da habe ich gedacht, ich sage es meinen Eltern lieber nicht – und die waren natürlich ziemlich fertig. Aber jetzt ist ja alles gut.«

Sie lacht erleichtert. Heute sind ihre Eltern natürlich stolz auf die erfolgreiche Tochter – aber Anna Loos weiß, welch Schock es damals für die Familie gewesen ist, als sie auf einmal spurlos verschwunden war und erst mit einer Nachricht aus dem Westen klarstellen konnte, dass ihr nichts zugestoßen war. Dass sie weder die Eltern noch die Schwester zu Mitwissern machen wollte, um der Staatssicherheit kei-ne Handhabe für eine Strafverfolgung zu liefern, zeigt einerseits die sensible Klugheit, die man bei Anna Loos während des Gesprächs spürt. Andererseits ist die ganze Geschichte auch ein Beispiel für die unbändige Willenskraft, die zweifelsohne in ihr steckt, für den starken

Eigensinn, mit dem sie ihre Wünsche verfolgt. Einsperren kann man sie nicht. Sollte sie jemals wieder ein Gefühl der Unfreiheit kriegen, dann würde sie –

»Dann würde ich wieder abhauen. Wenn es ginge, würde ich sagen, ich mache das kaputt, was mich unfrei macht. Ich treffe irgendwann Entscheidungen. Da bin ich Skorpion. Wenn ich an irgendeinem Punkt das Gefühl habe, ich muss mich entscheiden, dann entscheide ich mich und ziehe das durch.«

Es wird uns nun doch kalt hier auf dem Balkon, und weil keine hundert Meter weiter die prächtigste Kirche der Stadt in den Himmel ragt, die Katharinenkirche, beschließen wir, uns diese anzusehen. St. Katharinen wurde um 1400 im Stil der Backsteingotik erbaut. Nicht nur von außen wirkt sie majestätisch. 72 Meter hoch ist der Turm, das Schiff genauso lang. Figürlicher Schmuck und Rosetten verzieren die

Fassade, deren Kapellen mit ihren reichen Verzierungen Höhepunkte in der norddeutschen Backsteingotik darstellen.

Als wir nach innen kommen, bleiben wir in der großartigen Kirchenhalle erst einmal beeindruckt stehen. Den Fluchtpunkt bildet der große Flügelaltar von 1474. Weitere Sehenswürdigkeiten sind der Altar in der Schöppenkapelle, der achteckige Bronze-Taufkessel von 1440 sowie der wunderschöne Figurenschmuck in den hohen, spitzen Nischen der Seiten.

Obwohl Anna Loos' Eltern nicht religiös waren, kam sie mit der Familie dennoch jedes Jahr zu Weihnachten hierher. Daran erinnert sie sich heute noch ganz genau.

»Das war sehr, sehr schön. Ganz Brandenburg war hier, bis zum letzten Platz in die Bänke gepfercht. Und dann die Rede vom Pfarrer. Mir war sehr, sehr kalt, und ich habe mich auf die Bescherung zu Hause gefreut und auf das leckere Essen von meiner Mama.«

Vielleicht hat die Kirche in ihrem Leben auch deshalb eine wichtige Rolle gespielt, weil sie als Kind hier einmal im Chor gesungen hat. Die Entdeckung des Singens, ihre Liebe zur Musik, war letztlich der Grundstein für ihre spätere Karriere. Nicht nur dass sie mit zwölf ihren ersten Gesangsunterricht nahm – in Hamburg besuchte sie in den neunziger Jahren die »Stage School of Music, Dance and Drama«. So kam sie auf die Bühne, tourte mit einer Big Band um die Welt, begann mit Comedy-Auftritten, die sie in die Fernsehwelt brachten. Ohne die Musik wäre sie nie ein Fernsehstar geworden. Und schon gar nicht ohne eine ganz bestimmte Schallplatte. Denn natürlich war nicht der Chorgesang der Auslöser dafür, dass sie singend auf der Bühne stehen wollte, sondern eine Popband.

Wir haben die prächtige Katharinenkirche wieder verlassen, schlendern zurück zur Fußgängerzone, wo wir uns verabschieden wollen. Auf dem Weg kommen wir an einem Plattengeschäft vorbei. Anna Loos ist aus dem Häuschen, sie will unbedingt in den Laden, an dessen Scheibe sie sich als Teenager oft die Nase plattgedrückt hat. »Hier habe ich die allererste Platte in meinem Leben gekauft. Dass es den Laden noch gibt. Das habe ich nicht gedacht. Damals war ich 14 oder 16.«

Es ist ein Laden für echte Musikliebhaber, anders als die großen Filialen der Medienkaufhäuser. Im Inneren stapeln sich die CDs an den Wänden bis unter die Decke. Wir können gar nicht anders, als die überquellenden Regale durchzuwühlen. Anna Loos hat natürlich nur eins im Sinn, und sie findet sie auch sofort, die Platte, die einst den Grundstein ihrer Musiksammlung legte – heute natürlich im CD-Format: »Bataillon d'Amour« von Silly.

»Ich habe sie in- und auswendig gekonnt. Aber der Hammer kam eigentlich erst zwanzig Jahre später, als ich die Jungs von der Band kennengelernt habe. Ich habe mit denen zusammen gesessen, und als die sagten: Hier, guck mal, da ist der Text, da habe ich gelacht und gesagt: Ich kann das alles auswendig. Daraufhin habe ich das mit denen gesungen und die riefen: Wow! Das war der Hammer.«

Seitdem ist Anna Loos die Stimme der Band Silly, tritt mit ihnen bei ihren Gigs als Sängerin auf. Jahrelang suchte die DDR-Kultband nach einem Ersatz für ihre ehemalige, unvergleichliche Frontfrau Tamara Danz, die einige Jahre nach der Wende mit 44 an Krebs starb. Wenn es eine würdige Nachfolgerin geben kann, dann ist es Anna Loos, ihr Brandenburger Fan der ersten Stunde. Eben da, wo wir jetzt stehen und wo der Inhaber des Geschäfts uns natürlich den Gefallen tut, die Platte aufzulegen. Auch er kann es noch nicht ganz fassen, dass hier in seinem Laden auf einmal Anna Loos steht – und jetzt, wie könnte es anders sein, zur Originalaufnahme des Songs, zur Stimme von Tamara Danz, selbst »Bataillon d'Amour« singt. Auswendig, versteht sich, so wie sie es seit ihrer Jugend tut.

»Ich denk, das Mädel kennst du doch
Die ist kaum 13 Jahr
Und flieht schon in die Dämmerung
Und hat schon Nacht im Haar …
Bataillon d'Amour … Bataillon d'Amour …«

Wenn wir ihr so zuhören, wie sie diese Verse singt mit ihrem blonden Haar, fragen wir uns unwillkürlich, wie viel ihr dieses Lied damals mitgegeben haben mag, um auf und davon zu gehen, immer dahin, wo sie sich frei fühlt. Als wir uns verabschieden, danken wir ihr, dass sie für uns noch einmal zurückgekehrt ist in ihr Brandenburg, dorthin, wo alles in ihrem Leben begann.   *Norbert Kron*

»Die Literatur
hat mir immer Glück gebracht«

Eine Spritztour mit
Volker Schlöndorff

Wir sind zu früh. Es ist kalt. Ein grauer Novembertag. Volker Schlöndorff kommt uns als Latin Lover entgegen. Jedenfalls behauptet das die Aufschrift auf seinem durchgeschwitzten schwarzen T-Shirt. Wir treffen ihn auf der Straße und hätten ihn beinahe nicht erkannt. Zu tief hat er sich die Schirmmütze ins Gesicht gezogen. Schlöndorff kommt vom Laufen. Morgens um neun hat er schon seine zehn Kilometer hinter sich gebracht. Rund um den Griebnitzsee. Ob wir ihm noch ein paar Minuten geben, fragt er, und noch bevor wir antworten können, ist er schon in seinem Haus verschwunden.

Während er sich umzieht, schauen wir uns um. Von hier, wo wir ihn treffen, ist es zu den legendären Babelsberger Studios nur noch ein Katzensprung. Es ist die Gegend, die die Stars der alten Traumfabrik gesehen hat. Alte Villen mit Aura reihen sich wie Perlen auf eine Schnur. Es ist aber auch die Gegend, in der die Grenzsoldaten der DDR Wache standen. Fast vor seiner Tür verlief die Mauer. Als sie abgebaut wird – zu Beginn der neunziger Jahre – kehrt Volker Schlöndorff von Hollywood nach Deutschland zurück, um die Babelsberger Studios zu retten. Keine einfache Zeit für einen, der nun Geschäftsführer wird und der doch eigentlich Filme machen will.

Volker Schlöndorff wohnt in einem roten Backsteinbau, alles aufwendig restauriert. Die Villa wirkt wie eine Aufforderung, die große Potsdamer Filmgeschichte und das ganze Drumherum nicht zu vergessen. Sie zitiert die alten Zeiten, beherbergt aber einen, der immer weiter wollte, der die ganze Welt bereist hat und stets nach einem neuen Wagnis suchte.

Im Vorgarten steht neben uralten Nadelgewächsen ein toskanisches Olivenbäumchen im Terrakottatopf. Als wir neugierig in die offene Garage blicken, kommt Volker Schlöndorff plötzlich zurück. Er errät unsere Frage. Der Wagen, ein alter grau-grüner Jaguar, gehörte einem sehr berühmten Schweizer. »Den hat mir Max Frisch geschenkt, nachdem ich sein Buch *Homo Faber* verfilmt hatte«, erzählt Schlöndorff. Das Auto sei besser als der Oscar, den er für den Film *Die Blechtrommel* bekommen habe, meint er noch und führt uns zu dem Gefährt.

Später wird er uns Fotos zeigen, mehrere kleine Polaroids, alle aufgeklebt auf weißem Papier und gerahmt. Sie zeigen nur ein Motiv. Volker Schlöndorff und den Schweizer Schriftsteller. Sie stehen nebeneinander und lächeln in die Kamera. Anfang 1990 dreht Volker Schlöndorff den Film *Homo Faber*. Damals weiß Max Frisch, dass er an seiner Krebserkrankung sterben wird. »Am Ende der Dreharbeiten hat er mir den Schlüssel hingehalten und gesagt: ›Da, wo ich hingehe, brauche ich kein Auto mehr‹«, erinnert sich Schlöndorff.

Noch während er über Max Frisch spricht, zieht er uns hinaus aus der Garage. »Mitten in der Straße stand die Mauer, und deshalb hat die Straße noch heute Löcher«, erklärt er uns. Schlaglöcher werden vorgeführt, Regenwasser sammelt sich darin. Historische Dellen im Asphalt. Wir filmen sie gewissenhaft und Volker Schlöndorff sagt: »Die Mauer, diese Absurdität muss man sich mal vorstellen.«

Er will uns noch einen Ort zeigen, der ihn bewegt und an dem er jeden Morgen beim Laufen vorbeikommt: Direkt am Ufer des Griebnitzsees steht ein Stück Mauer, bemalt mit Graffiti. »Never forget« – niemals vergessen, steht da in großen schwarzen Lettern. »An diesem Stück Mauer hat man vor kurzem eine Gedenktafel angebracht«, erzählt uns Volker Schlöndorff, nimmt seine randlose Brille ab und zieht uns näher heran. »Sehen sie mal, zwanzig Menschen haben hier ihr Leben verloren, und es sind immer ganz junge Leute gewesen.«

Vertraut ist Volker Schlöndorff mit dieser Gegend, als hätte er nie woanders gelebt. Er trägt einen seiner bekannten beigefarbenen Lodenmänteln, hat sich den nicht minder berühmten Hut mit breiter Krempe auf den Kopf gesetzt und um den Hals einen Schal gelegt. In der Hand dampft ein Zigarillo. Schnell spricht er, so als ob es keine Zeit zu verlieren gelte. Ohne den Mauerfall wäre Schlöndorff vermutlich in New York geblieben. Im Flugzeug, irgendwo zwischen New York und Boston, hört er davon. Er bucht ein Ticket nach Deutschland und will jetzt dort sein, wo etwas geschieht. Nicht Berlin, Potsdam soll es sein. Babelsberg, die Filmstadt, was immer noch stolz klingt.

An diese Zeit des Neuanfangs erinnert ein Schwarz-Weiß-Bild, das er beim Einzug aufgenommen hat. Immer wieder kommt er darauf zu sprechen, wie heruntergekommen das Haus war. Abgelebt wie das ganze Land. Sein Foto der Beweis: Hinterm Haus ragen damals Stacheldrahtzäune in den Himmel, die Grenzanlagen sind noch nicht abgebaut. Ein kleines Detail beschäftigt Schlöndorff besonders. Es ist der Rhododendronstrauch, der draußen vor seinem Haus wächst. »Sehen sie den?«, fragt er und tritt näher an das große Fenster heran, das den Blick auf den Garten frei gibt. »Genau dort stand mal ein Wachturm«, erzählt er wie verwundert über den Gang der Geschichte, die nun auch Teil seiner verschlungenen Lebensgeschichte geworden ist und ihn von seinem Geburtsort Wiesbaden bis hierher geführt hat. Ein Haus, ein See, ein Blick. Das Ende einer Reise von Deutschland über Amerika nach Deutschland. Wie einfach das heute klingt, wo vom Wachturm nur der Rhododendronbusch geblieben ist.

Volker Schlöndorff hat sich hier eingerichtet, doch zu Hause ist er eigentlich in der großen weiten Welt. Die er auch gern vorführt. Auf den Kommoden stehen – wie bei einem Ex-Präsidenten – Erinnerungen und Fotos, die ihn auf Reisen zeigen, mit Freunden oder während seiner Dreharbeiten. Dazwischen ein besonderes Bild, ein Kaltnadelstich von Günter Grass. Die Arbeit zeigt einen Jungen. »Das ist der Schauspieler David Bennent. Den hat Grass während der Dreharbeiten zur *Blechtrommel* mal auf den Tresen eines Kolonialwarenladens gesetzt und dann dieses Bild gemacht.«

Volker Schlöndorff ist voller Geschichten und Erinnerungen. Ein Foto, das auf seinem Sekretär steht, zeigt er uns mit besonderer Freude. Das Bild zeigt ihn selbst. Gerade 17 Jahre alt ist er da und hält seine erste eigene Kamera in der Hand. Ein Bild als Omen. Er wird sie nie wieder aus der Hand legen. Damals ist die Kindheit gerade vorbei, das Erwachsensein noch nicht ganz da. Eine Zwischenzeit. Er will nach Frankreich, um als Austauschschüler Französisch zu lernen. Doch aus zwei Monaten werden Jahre. Schlöndorff, der Junge aus Wiesbaden

der fünf Jahre alt ist, als seine Mutter bei einem Küchenbrand ums Leben kommt, und bei seinem Vater, einem Landarzt, aufwächst, dieser Junge sucht sein Glück. Gefragt, wie es dazu kam, lächelt er: »Mich hat es immer umgetrieben, und wenn man sich dem Glück in den Weg stellt, dann trifft es einen auch manchmal.«

In Frankreich trifft er einen Mann, der sein Leben verändern wird. Weil er ihm Mut macht. Es ist ein Jesuitenpater, den er im Internat kennenlernt, der ihm sagt, dass er gegen alle Widerstände, auch gegen den Willen des eigenen Vaters, seine Begeisterung ernst nehmen solle. Noch heute hat Schlöndorff dessen Zuspruch im Ohr. Allzu gern erzählt er von dem Mann, dem er wohl die wichtigste Entscheidung seines Lebens zu verdanken hat: »Wenn der Film dein Traum ist, dann werde eben nicht Anwalt und nicht Arzt und nicht Architekt, sondern geh zum Film.« Ein Satz, der ihn noch heute strahlen lässt.

Trotz dieser Ermutigung studiert Schlöndorff zunächst Jura. Bis zu drei Mal täglich geht er nebenher in die Cinematheque francaise. Und er lernt in Paris die Regisseure der Nouvelle Vague kennen. Auch Louis Malle ist dabei. Dessen Regieassistent wird er später und das Jura-Studium schließlich an den Nagel hängen. Der Rat des Jesuitenpaters begleitet ihn bis heute. Eine Zeichnung dieses wichtigen Ratgebers hängt in seinem Arbeitszimmer.

Es ist der wohl kleinste Raum im ganzen Haus, doch es ist der Ort, der am meisten über Volker Schlöndorff erzählt. »Es sieht beinahe aus wie ein Museum«, sagt der. Regale, vollgestellt mit Büchern bis unter die Decke, davor wieder viele Bilder. Mehr eine Bibliothek als ein Arbeitszimmer. Und dann, zwischen all den Buchrücken: eine Blechtrommel. Ein Original. Das sehe man doch. Schlöndorff bindet sie sich um und zeigt auf kleine Dellen: »Wir hatten natürlich bei den

Dreharbeiten mehrere Blechtrommeln. Der Kleine musste mehrere zerdeppern, aber die hier ist ein Original.«

Filmszenen kehren ins Gedächtnis zurück. Erinnerungen an Schlöndorffs größten Erfolg. *Die Blechtrommel* bringt dem Regisseur eine Goldene Palme in Cannes und den höchsten Ruhm, den die Filmwelt zu vergeben hat: den Oscar. »Die Literatur hat mir schon immer Glück gebracht«, meint er später und spielt darauf an, dass er vor allem mit Literaturverfilmungen Erfolge feierte. Von Heinrich Bölls *Die verlorene Ehre der Katharina Blum* über Marcel Prousts Roman *In Swans Welt* bis zu den Werken von Max Frisch und Günter Grass. Und das sind nur einige.

Nach dem Erfolg der Blechtrommel geht Schlöndorff in die Vereinigten Staaten. Er will nirgendwo anders mehr sein, bis zum Ende seines Lebens. Er dreht unter anderem mit Dustin Hoffmann, verfilmt das Buch *Tod eines Handlungsreisenden* des Dramatikers Arthur Miller. Eine aufregende Zeit, für die es natürlich im Schlöndorff-Museum auch ein Bild gibt: Zu sehen sind seine Söhne, die er, wie er sagt, adoptiert hat und die heute wiederum eigene Kinder haben: »Ich hab vier pechschwarze Enkel in Louisiana, und alle sind sie natürlich sehr stolz, dass jetzt Obama regiert.«

Während der Dreharbeiten zum Südstaatendrama *Ein Aufstand alter Männer* 1986 kümmerte er sich um zwei der Komparsenkinder. Er wurde ihr Ziehvater, und beide nennen ihn heute noch »Daddy«. Ab und an besucht er seine »Kids« und ist stolz darauf, dass sie jetzt verheiratet sind. Er selbst war viele Jahre mit der Regisseurin Margarete von Trotha ein Paar. 1991 haben sie sich scheiden lassen, Schlöndorff hat ein Jahr später wieder geheiratet und ist mit über fünfzig noch Vater einer Tochter geworden.

Wer diesem Mann zuhört, bekommt unweigerlich den Eindruck, dass Aufbrüche und Neuanfänge sein Leben bestimmt haben. Ein weiterer Beweis dafür baumelt an seinem Schrank: Alle Medaillen, die er für seine Marathonläufe bekommen hat. 60 Jahre alt war er, als er mit dem Laufen begann. »Um mich abzulenken, mache ich viel Sport«, sagt er und schwärmt davon, wie es ist, in Paris, New York oder Berlin an den Start für einen Marathon zu gehen. Schlöndorff kann nicht anders, als sich täglich die Laufschuhe anzuziehen.

Mit Volker Schlöndorff durch die Jahre und die Filmgeschichte zu streifen, ist wie ein Abenteuer. Wer ihm folgt, erlebt ihn uneitel. Schlöndorff erzählt nichts von den vielen Galas und roten Teppichen, die er in seinem Leben gesehen und abgeschritten hat. Sein eigentliches Leben ist das, was hinter den Filmen auf der Leinwand steckt, die Beziehungen zu den Schauspielern, Schriftstellern und Technikern, mit denen er zusammen gearbeitet hat und die ihm viel gegeben haben. Mit Selbstironie und Witz erzählt von den Begegnungen.

Am Ende landen wir immer wieder bei Max Frisch und seinem Jaguar: »Dass er mir die Schlüssel seines Autos gegeben hat, war wie eine Urkunde. ›Du hast es gut gemacht, Junge. Du darfst das Auto haben.‹« Der »Junge« Schlöndorff war damals 47 Jahre alt, und wahrscheinlich war dieses Geschenk für ihn beglückender als der Film selbst. Lange hat er mit dem Stoff gehadert. Es war die einzige Arbeit, bei der er das Gefühl hatte, die Kräfte würden ihn verlassen. Zu schwierig erschien ihm der Stoff, zu groß die Angst, der Literatur nicht ebenbürtig zu sein.

Kurz bevor wir gehen wollen, bietet er uns eine Spritztour an. Schlöndorff holt den Jaguar aus der Garage und bittet uns einzusteigen. Als Dieter Moor die Tür etwas zu laut schließt, ermahnt er uns: »Bei einem Jaguar braucht man die Tür nicht so zu knallen.«

Eine Fahrt mit Max Frischs Jaguar! Ganz ruhig liegt der auf der Straße. Wir bewundern die holzverkleideten Armaturen und den Charme dieses Schlittens. Schlöndorff gibt uns eine private Stadtführung, er fährt an den alten Villen in Potsdam-Babelsberg vorbei, an den Kulissen des 20. Jahrhunderts. Ein Haus mag er besonders gern. Die Truman-Villa. Hier hat der amerikanische Präsident während der Potsdamer Konferenz gewohnt. Irgendwann, so erzählt Schlöndorff,

hätte Stalin bei Truman an der Tür geklopft und wollte nicht wieder gehen. Aber der Koch des Präsidenten hatte gar nichts vorbereitet: »Fragt Truman den Koch: ›Was gibt es denn heute?‹ Sagt der: ›Linsensuppe‹. Darauf Truman: ›Wenn die gut genug ist für uns, ist die auch gut genug für Stalin.‹«

Solche Geschichten sind nach Schlöndorffs Geschmack. Er erzählt sie so, als ob er dabei gewesen wäre. Eigentlich ein Filmstoff. Doch Schlöndorff hat anderes vor. Er muss zum Flughafen. Eine neue Geschichte wartet auf ihn. Der Ort spielt keine Rolle, denn Abenteuer findet er überall.   *Christine Thalmann*

»Das ist eigentlich das Schönste: sich überraschen lassen«

Auf dem Wasser
mit Jörg Schüttauf

Zugegeben, ein bisschen konspirativ-geheimdienstlich fühlen wir uns schon: Es ist Montag früh, kurz nach neun, wir stehen auf einer Brücke mitten in der Pampa, und wir warten auf einen Mann. Außer uns weit und breit keine Menschenseele, ringsum nichts als Landschaft, unter uns Wasser: Die Wublitz, ein kleiner verträumter Nebenfluss der Havel. Alles hier scheint so idyllisch, so urwüchsig und geradezu weltabgewandt, dass man nicht glauben möchte, dass die Landeshauptstadt Potsdam ein paar hundert Meter von hier beginnt.

Wir stehen hier nicht, weil wir irgendwelche Geheimagenten treffen oder austauschen wollen, sondern weil wir mit einem der erfolgreichsten deutschen Schauspieler verabredet sind: Jörg Schüttauf. Er wohnt hier ganz in der Nähe, irgendwo am Schwielowsee, und schlug als Treffpunkt diese Brücke vor. Von hier aus will er uns per Paddelboot die Wublitz zeigen, eine Landschaft, die es ihm angetan hat. Eben weil sie so wild und natürlich ist: »Wie in Kanada«, hat er am Telefon begeistert gerufen, und von Fischadlern und seltenen Vögeln geschwärmt. Er hatte keine Lust, auf die ausgetretenen Pfade der geleckten Uferpromenaden, auf schicke Urlaubsgaststätten und sanierte Gutshaus-Kulissen, die man rund um den Schwielowsee ebenfalls fin-

121

det. Er will uns etwas zeigen, das wir nicht kennen. Jörg Schüttauf, wir werden es in den nächsten Stunden immer wieder feststellen, ist ein Mensch, der sich allzugern auf Neues, Unbekanntes einlässt.

Wir haben uns im Internet die genauen Koordinaten dieser Brücke herausgesucht, sind einmal vorab probeweise hingefahren, um zu sehen, ob wir sie finden (wir haben, aber es war schwierig …), haben ein Kajak gemietet, dass uns der Bootsverleiher mit einem Motorboot freundlicherweise vom Schwielowsee hierhergebracht hat, und nun stehen wir hier. Und tatsächlich: Pünktlich zur verabredeten Zeit taucht ein Auto mit Jörg Schüttauf aus dem dunklen Grün eines Waldweges auf. Gut gelaunt begrüßt er uns, die berühmten blauen Augen blitzen. Das Jungenhafte, das man ihm so gerne nachsagt, der Schalk, der in ihm steckt – man nimmt es ihm auch live sofort ab. Aber er ist kein lauter Witzbold, sondern eher leise ironisch bis spöttisch. Vor allem aber ist er Profi, und deshalb wird nicht lange gefackelt: Auf geht's zu unserer kleinen Paddeltour auf der Wublitz!

Allerdings ist Kajak-Fahren für Laien wie uns gar nicht so einfach. Schon beim Besteigen zeigt sich, dass man viel falsch machen kann. Gerät so ein schmales Boot schnell ins Wanken, wenn man einen Fuß auf die falsche Stelle setzt. Es ist Jörg Schüttaufs Gelassenheit und seinen genauen Anweisungen zu danken, dass der Drehtag nicht mit einem Schiffbruch beginnt. Wie er uns ins Boot navigiert, ist geradezu lehrbuchreif: »Möglichst die Mitte treffen mit einem der beiden Füße. Nicht gleichzeitig mit beiden Füßen hier hereinspringen. Sehr gut! Dann wenden und versuchen, dabei das Gleichgewicht zu halten.«

Schon zieht unser Boot im Gleichtakt der Paddel davon. Jörg Schüttauf ist ein geübter Paddler, mit seiner Frau macht er regelmäßig ausgedehnte Touren. »Ich gehe lieber mit ihr paddeln als segeln, weil man da ziemlich spontan bestimmen kann, wo man hinfährt. Man ist nicht abhängig vom Wind.« Und während er erzählt, wie er schon mit seiner ersten Freundin auf Bootstour gegangen ist – »Die erste Liebe vor dir im Boot – das ist schon toll! Es ging nicht lange gut, aber

schön war es trotzdem.« – werden wir immer mehr von dieser wild-
romantischen Flusslandschaft in den Bann gezogen, die wir nun vom
Wasser aus bewundern können: An den Rändern ragen abgestorbene
Baumstümpfe aus dem Wasser, als wären wir in den Sumpfgebieten
des Mississippi, Stockenten, die starten und landen, und immer wieder kreisen unbekannte majestätische Vögel über uns. »So etwas wie
hier findest du nicht mehr allzuoft in Deutschland, glaube ich«, sagt
Jörg Schüttauf in die Stille unseres ehrlich beeindruckten Schweigens
hinein, »dass du weit und breit nichts hörst!« Und während wir ihm
noch nickend beipflichten, fügt er an: »Außer einer Autobahn, wie ich
gerade merke.« Und tatsächlich – wenn man ganz genau hinhört, hört
man in der Ferne das leise Rauschen der Autos. Nun ja, vielleicht steht
der Wind heute ungünstig, dennoch ist das ein wunderbar abgeschie-
dener, stiller Ort, in dem man als vielbeschäftigter Schauspieler nach

einem anstrengenden Drehtag sicher prima abschalten und seine Ruhe finden kann. Oder, Herr Schüttauf?

»Also, sooo anstrengend ist das, was ich beruflich tue, nun wirklich nicht. Ich weiß nicht, manchmal hat man zwei Seiten Text, manchmal hat man zwei Sätze, manchmal hat man gar nichts zu sagen, sondern geht nur vier Mal durchs Bild. Dass ich dann am Abend total geschafft nach Hause komme und sage: ›Ich muss jetzt erstmal aufs Wasser! Ich muss mich jetzt erstmal erholen! Das war heute wieder sooo anstrengend …‹ Nee! Anstrengend ist höchstens die Warterei, bis du drankommst beim Dreh.«

Jörg Schüttauf ist kein Mann, der mit seiner Wichtigkeit hausieren geht. Er liebt seinen Beruf wie sonst kaum etwas auf der Welt – »Ich muss spielen, sonst versacke ich«, hat er einmal gesagt –, aber er weiß ihn auch einzuordnen. Und das große Pathos ist ohnehin nicht seine

Sache. Die große Künstlerpose beherrscht er nur als Spaß. Wie er überhaupt gerne mit einem flapsigen Spruch, einem kleinen Scherz die Stimmung bricht, wenn es ihm zu ernst oder bedeutungshuberisch zu werden droht. Gern geht der Witz dabei auf eigene Kosten, wenn es um seine Herkunft geht, zum Beispiel: Schüttauf ist gebürtiger Sachse, aus Karl-Marx-Stadt, heute Chemnitz. »Hardcore-Sächsisch« werde da gesprochen, sagt er, das »strammste, härteste Sächsisch«, das er kenne. Nun, er hat es abgelegt, die viel beschworene sächsische Gemütlichkeit im Sinne einer größeren Entspanntheit, Leichtigkeit, vielleicht sogar Heiterkeit aber hat er sich erhalten.

Dass es ihn nach Brandenburg verschlug, ergab sich aus der Arbeit: Direkt nach dem Schauspielstudium wurde er an das Potsdamer Hans-Otto-Theater engagiert. Das war 1986. Seitdem lebt er hier draußen, in einem Häuschen am Wasser. Dass er sich hier so wohl fühlt, liegt unter anderem daran, dass dieser Jörg Schüttauf die Ruhe, etwas Abstand durchaus zu schätzen weiß: »Wir haben hier noch ganz gut Platz, das ist das Tolle an dieser Landschaft. Da kann sich kein Nachbar aufregen, dass da jetzt ein paar Rauchschwaden herüberziehen. Das Wasser nimmt alles mit.« Dabei locken ihn die großen Städte durchaus: »Ich frag mich oft, was besser ist? Wenn ich zum Beispiel in Berlin wohnen und dann ab und zu am Wochenende hier rausfahren und sagen würde: Och, ist das toll hier! Schön, die Wublitz! So wie Kanada! Fast ausgestorbene Vögel! Und Fischotter! Das hätte auch was. Aber mir ist die Variante lieber, dass ich hier wohne und am Wochenende nach Berlin fahre, als umgekehrt. Ich bin gern zu Gast in einer großen Metropole und lass es um mich herum rauschen und pfeifen und Juchee und Hopsala. Und zu Hause ist dann … Urlaub.«

Als Sachse in Brandenburg stellt er auch Mentalitätsunterschiede fest zwischen seiner alten Heimat und der neuen: Manches Klischee zum Beispiel, vom »Brandenburger an sich«, der sein Herz nicht gerade auf der Zunge trägt, eher wortkarg ist und ganz gerne meckert, findet er im Alltag durchaus bestätigt. Seine Lieblingsanekdote handelt von den

Problemen der Brandenburger Fischer mit der inzwischen erstaunlich guten Wasserqualität der havelländischen Seen: »Die Brandenburger Fischer sagen zum Beispiel: Dass das Havel-Wasser jetzt sauberer ist als zu DDR-Zeiten, ist gar nicht günstig, früher war es besser. Und zwar wegen des Zanders: Denn der Zander ist ein Fluchtfisch, und der fühlt sich wohler, wenn es dunkler ist, also das Wasser ein bisschen dreckiger. Dann hat er nämlich den Fischer nicht bemerkt, und das wiederum war vor allem gut für den Fischer. Dreckiges Wasser ist also gut, weil es gut für den Fischer ist. Sauberes Wasser dagegen ist schlecht für den Fischer, weil es gut für den Zander ist. Der sieht jetzt den Fischer kommen. Und flieht. Ergebnis: Fischer ohne Zander! Kein Umsatz! Schlimm, zu gutes Wasser, wirklich schlimm …«

Jörg Schüttauf ist ein feiner Beobachter und ein pointierter Erzähler mit angenehm trockenen Humor. So ist unsere Bootsfahrt ein herrlich unangestrengtes Vergnügen. Wir gleiten einfach immer weiter übers Wasser, unterqueren eine Brücke, sehen, wie sich die Wublitz zum breiten Fluss weitet, um nach der nächsten Biegung wieder schmaler zu werden. Zwischen Schilf und Seerosen erhaschen wir sogar einen Blick auf einen bläulich im Sonnenlicht schimmernden Eisvogel – unser Bootsführer hatte nicht zuviel versprochen.

Der ist nicht nur Natur-, sondern auch sportbegeistert – nicht zuletzt auch aus »purer Eitelkeit«, wie er freimütig einräumt. Als Jugendlicher hat er sogar mal Bodybuilding betrieben – wobei das damals, wie er uns gleich korrigiert, »Kraftsport-Kulturistik« hieß. Ein Freund habe das unbedingt machen wollen, erzählt er, und ihn, den kleinen Jörg, mitgeschleppt. Irgendwie hat es ihm gefallen, er merkte, wie sich seine Körperhaltung veränderte, wie er selbstbewusster wurde. »Aber ich bin nicht so einer gewesen, der das gemacht hat, weil er ach-so-einen-schönen Körper haben wollte. Es macht etwas mit einem, das stimmt schon, du sitzt anders da. Gleichzeitig habe ich mich auch fast ein bisschen geschämt. Immer, wenn es ins Freibad ging zum Beispiel, hab ich gedacht: Jetzt guckt doch nicht so!«

Vielleicht aber hat ihm dieses veränderte Körperbewusstsein den entscheidenden Anstoß gegeben, seinen Traum von der Schauspielerei wirklich weiterzuverfolgen. Denn sein Traum war es schon lange. Schon, seit ihn die Klassenlehrerin in der ersten Klasse ansprach und fragte, ob er die Späße, die er da *im* Unterricht machte, nicht lieber *nach* dem Unterricht machen wolle, es gebe da so ein Kindertheater, wo er sich melden könne. Ab da, erzählt Jörg Schüttauf, war er Feuer und Flamme. Nach der Schule hieß es nun: Ranzen in die Ecke und los! Theater spielen!

Im Rückblick erscheint sein Weg zum Traumberuf fast wie am Reißbrett geplant: Mit sechs die Liebe zum Theaterspielen entdeckt, nach der Schule auf die Schauspielschule, schon während des Studiums der erste Kinofilm und danach ans Theater, und dann die große Fernsehkarriere. »Ja, das klingt fast ein bisschen langweilig«, sagt Jörg

Schüttauf, »aber: Es ist wirklich ein schönes Gefühl! Und das war auch immer irgendwie alles sehr spielerisch. Wenn ich jungen Leuten, die Schauspieler werden wollen, einen Tipp geben sollte, dann wäre das der: Dass sie diesen Beruf und auch sich selbst nicht allzu ernst nehmen. Ich beobachte oft, dass es dann heißt: ›Da musst du dich jetzt melden, und da musst du hin, und das muss jetzt klappen.‹ Und dann klappt das nicht! Es klappt einfach nicht! Also lieber den Spaß nicht aus den Augen verlieren …«

Vielleicht hat einer leicht reden, der schon so viele Hauptrollen gespielt hat und knapp zehn Jahre Tatort-Kommissar war. Doch wenn man Jörg Schüttauf genau zuhört, versteht man, dass seine Karriere längst nicht so geradlinig verlief, wie es heute scheint: Schüttauf kommt aus einer Arbeiterfamilie, der Vater war ein Konditor, der als Heizer arbeitete. Er starb früh, Jörg war gerade elf. Die Mutter war

Krankenschwester. »Meine Mutter wollte immer zum Theater«, erzählt er, »sie hatte ein Faible für die Operette: Showtreppe und Cancan. Sie hatte selber auch eine Gesangsausbildung gemacht und spielte Klavier. Ich übrigens auch. Sie war sehr traurig, als ich aufhörte, weil sie meinte, sie hätte aus mir einen sehr guten Pianisten gemacht. Ich war neun Jahre alt und wollte lieber Fußball spielen.«

Nach der Schule macht er erst einmal eine Lehre als Theatertischler. Eine Pflicht-Etappe: Für das Schauspielstudium braucht er einen Abschluss, weil er kein Abitur hat. Die Zeit im Theater, als Handwerker, hält er bis heute für eine gute Schule – zu wissen, wie man einen Rahmen zusammennagelt, wie man die großen Kulissenwände und -türen baut und richtig auf die Bühne stellt. Dass er die »hehre Kunst« zuerst aus dieser Perspektive kennengelernt hat, dass er den Schauspielern auf der Bühne oft aus der Seitengasse, vom Technikpult aus, zugesehen hat, hat ihm eine gewisse Bodenständigkeit mitgegeben: »Noch heute verstehe ich mich meist besser mit den Technikern als mit den Künstlern.«

Es sind die Umwege, die ihn prägen. Und manches in seiner Karriere geschieht geradezu aus Versehen: Dass er zum Beispiel ein freischaffender Film- und Fernsehschauspieler wurde und kein Theatermann – purer Zufall, sagt Jörg Schüttauf: Er hatte in der Wendezeit 89/90 eigentlich einen Vorvertrag am Deutschen Theater in Berlin gehabt, in dem ganzen Durcheinander hatte man ihn »ein bisschen vergessen« und seine Unterlagen verlegt. Als er dann anrief, um zu fragen, wann er denn vorbeikommen könnte, er habe nun sein altes Engagement gekündigt, wurde er erstmal gefragt, wer er überhaupt sei und als was er denn anfangen wolle … Schüttauf schüttelt immer noch ungläubig den Kopf, wenn er sich an diese Momente erinnert: »Ich wohnte damals schon in Potsdam, wir hatten aber noch kein Telefon. Und vor jeder Telefonzelle stand eine Schlange. Also fuhr ich mit ein bisschen Westgeld in der Tasche über die Glienicker Brücke auf die West-Berliner Seite – das ging damals schon – zu einer freien

Telefonzelle, um von West-Berlin das Ost-Berliner Deutsche Theater anzurufen. Als Potsdamer. Und dann stehe ich da und stecke diese eine Mark West da rein – das war ja von dort ein Ferngespräch – und frage. Na, wie sieht es denn aus, wann wollt ihr mich denn mal sehen?«

Schüttauf kann den Tonfall der Dame am anderen Ende noch heute wunderbar imitieren, als sie schließlich sagte: »Um Gottes willen, Sie haben recht! Es stimmt, sie haben einen Vorvertrag bei uns! Sie sind ja schon so gut wie da! Nur – der Intendant weiß noch nichts davon, Sie müssen nochmal mit ihm reden.« Und Schüttauf fährt fort: »Also, ich ahnte schon, das wird schwierig. Und genauso kam's dann auch, und ich musste mich dann innerhalb dieses einen Gespräches, des ersten und des letzten mit dem Intendanten, entscheiden: Entweder Film oder Theater. Und dann hab ich gesagt: ›Wissen Sie was, dann mach ich doch diesen einen Film.‹ Und da war ich plötzlich frei! Und das ist eigentlich das Schöne: Dieses Sich-überraschen-lassen von den Zufälligkeiten. Und manchmal macht man Fehler, entscheidet sich für das Falsche, aber eigentlich ist immer alles gut! Hauptsache man macht!«

Auch dem Ende seines Engagements als »Tatort«-Kommissar konnte er mit dieser Einstellung etwas Positives abgewinnen: »Ich war zwar einerseits ein bisschen traurig darüber, dass es vorbei war. Aber andererseits waren zehn Jahre ›Hände hoch, Waffe weg, wo waren Sie letzten Donnerstag?‹ vielleicht auch genug. Und dass ich danach nicht mehr mit Gewissheit sagen konnte, was ich in drei Jahren machen würde, dass dieses satte Gefühl weg war, das einen beschleicht, wenn man weiß: ›Ach, dann mache ich wieder meine drei Tatorte im Jahr‹ fast wie ein Beamter, das empfinde ich auch als Vorteil. Das hat etwas Befreiendes!«

Dieses Sich-Überraschen-Lassen, das Leben so zu nehmen, wie es ist, macht Jörg Schüttauf aus. Ganz gleich, ob er eine Rolle annimmt oder einen Fluss entlangpaddelt. Die heitere Gelassenheit verlässt ihn nicht, auch nicht, als das Paddeln auf dem Rückweg etwas beschwerlicher wird, weil es nun gegen die Strömung geht.

Schließlich erreichen wir das Ufer. Und Jörg Schüttauf zitiert zum Abschied eines seiner Lieblingslieder – es ist von der Potsdamer Band Keimzeit und so etwas wie sein Motto: »Lass es laufen den Berg hinunter / lass es laufen durchs Tal / Gott hat dem Fluss diesen Weg gegeben / sicher tut er's nicht noch mal.« Da stehen wir nun, an diesem immer noch traumhaften Fleckchen Erde, im warmen Licht eines späten Sommers und horchen diesen Zeilen hinterher. Die Melodie werden wir an diesem Tag nicht mehr los. *Tim Evers*

»*Hier kann ich spüren,*
wie ich lebe«

Bei Ursula Werner
in der Prignitz

Der Weg zum Sommerhäuschen im Nordwesten der Prignitz ist ohne Hilfe kaum zu finden. Das weiß Ursula Werner, sie hat schon einige Besucher zu ihrem Häuschen lotsen müssen. »Ich warte an der Bäckerei auf Sie, dann kann ich gleich Brötchen holen«. Und so steht sie wie verabredet früh am Morgen mit einer Tüte Schrippen in der Hand an der Straße, die durch das Dorf Stepenitz führt – in grün-blau gestreifter Hose und mit einem Robbenschutz-T-Shirt, darauf der Slogan »Nicht herzlos sein«. Ursula Werner begrüßt uns fröhlich und amüsiert sich darüber, dass wir fast an ihr vorbeigefahren wären. Sie schlägt vor, uns den Weg mit dem Fahrrad zu zeigen – wir sollen ihr mit den Autos folgen. »Wir sehen uns im Wald«, sagt sie, steigt auf ihr altes Damenrad und radelt voran – das Fröschchen und zwei Produktionswagen im Schlepptau. In gemächlichem Tempo folgen wir ihr über die Dorfstraße durch das idyllische Angerdorf, vorbei an gepflegten kleinen Backsteinhäusern und Gärten, biegen am Ortsende schließlich ab in ein Waldstück. Hohe Kiefern stehen links und rechts des holprigen Waldweges. Dass hier noch ein Haus stehen soll, mag man kaum glauben. Doch ganz am Ende des Weges schimmert links schließlich ein Gebäude durch die Bäume. In diesem dünn besiedelten Landstrich liegt es noch ein-

mal besonders abgeschieden. Ein echtes Knusperhäuschen, mitten im
Wald. Das Mauerwerk ist hellgelb verputzt, die alte dunkelbraune
Holztür steht offen, auf den Fenstersimsen blühen Geranien in den
Blumenkästen. An einer Hauswand sind braune Keramiktöpfe auf-
gereiht. Aus einem Regenrohr tropft es in einen Blechtrog, aus dem
eine junge Efeupflanze emporwächst. Das Haus ist untypisch für die
Region, es erinnert mit seinem hellen gelben Farbton ein wenig an ein
Bayerisches Landhaus.

»Schön, ne?«, fragt Ursula Werner stolz, und wir können ihr nur
Recht geben. Ein altes Jagdhaus aus den 1880er Jahren, früher gehörte
es einmal Geheimrat August Bier, einem bekannten Chirurgen von
der Charité. Ursula Werner hat es 1980 gekauft, eine befreundete Kol-
legin hat es ihr vermittelt. Viel Arbeit hat sie anfangs hineinstecken
müssen. »Der Keller war richtig feucht«, erzählt sie. »Da haben sich

sogar Kröten und Frösche wohl gefühlt. Ich konnte nur mit Gummistiefeln da reingehen.« Doch das Haus war ein Segen für sie, denn in der DDR war es zu Urlaubszeiten schwierig, an Unterkünfte in beliebten Ferienregionen zu kommen – hierhin aber konnte sie sich mit ihren Kindern jederzeit zurückziehen und sich erholen. Das tut sie bis heute. Inzwischen ist die nächste Generation hinzugekommen. Auf der großen Wiese rechts vom Haus liegt Spielzeug, auch eine Schaukel und eine blaue Rutsche stehen hier für die Enkel bereit – ein kleines Kinderparadies.

Ursula Werner ist ein Mensch, der nicht vorgeben muss, etwas zu sein. Eine namhafte Schauspielerin, die in rund vierzig Filmen mitgespielt hat und jahrzehntelang Ensemblemitglied des Gorki Theaters in Berlin war – uns zeigt sie sich ganz unprätentiös. Freundlich, herzlich, unkompliziert – wir fühlen uns wohl in ihrer Nähe. Es gibt Frühstück. Die Küche, in der Ursula Werner mit ein paar Handgriffen den Kaffee vorbereitet, erinnert an Großmutters Zeiten. Ein altes Büffet, Emailletöpfe und zusammengewürfeltes Geschirr. Sie bittet uns an den Tisch vor dem Haus. Ein Sommerstrauß steht auf dem Tisch, es gibt Brötchen für alle und Kaffee aus der großen weißen Porzellankanne. »Die habe ich von meiner Mutter geerbt.«

Mit diesem Haus im Wald ist ein Wunsch aus den Kindheitstagen von Ursula Werner in Erfüllung gegangen. »Meine Mutter hatte eine Freundin, und die haben wir häufig besucht. Sie lebte auf einem Gehöft mit vielen Tieren. Aber das Schönste fand ich: wenn man aus dem Haus trat, war man im Wald. Das hab ich als Kind sehr gemocht: Aus dem Haus herauszugehen und mitten im Wald zu stehen.« Schauspielerin, das ist ein Stadtberuf. Sie ist in Berlin-Prenzlauer Berg aufgewachsen und das Tempo der Großstadt gewohnt, aber manchmal muss sie raus. »In der Stadt wird man ja mehr gelebt, als dass man lebt – hier kann ich spüren, wie ich lebe. Meine Freunde fragen mich manchmal ›Was machst du denn da, so allein im Wald?‹ Tja, ich genieße das.« Ursula Werner gehört zu den Menschen, die ohne jegliche

Ablenkung auskommen und die es mögen, von Zeit zu Zeit nur sich selbst verpflichtet zu sein.

Denn Trubel hat sie viel gehabt. 35 Jahre lang war sie festes Mitglied im Ensemble des Maxim Gorki Theaters. »Als ich fest engagiert war, habe ich mir häufig gewünscht, mehr Zeit für mich und vor allem die Familie zu haben. Die musste ich manchmal vernachlässigen – was bitter ist, wenn es wichtige Ereignisse in der Familie gibt und die Vorstellung trotzdem laufen muss.«

Fast hätte der Spielplan ihr auch einen besonderen Moment genommen: In Andreas Dresens Film »Wolke 9« über die Liebe im Alter spielte sie die weibliche Hauptrolle – und erhielt dafür 2009 den Deutschen Filmpreis. Eigentlich hatte sie an diesem Abend im Theater Vorstellung, und die Preisverleihung, dieser besondere Abend, sollte ohne sie stattfinden. Doch dann half ihr ein historischer Zufall, als sie schon im Gorki-Theater im Kostüm für die Aufführung bereit stand. »Eine Bombe aus dem Zweiten Weltkrieg wurde am benachbarten Neuen Museum bei Bagger-Arbeiten gefunden. Alle mussten das Theater verlassen – ich nichts wie umgezogen und hin zur Preisverleihung am Funkturm.« Ursula Werner durfte bei ihrem großen Erfolg doch noch persönlich dabei sein.

Inzwischen tritt sie kürzer, in einigen Inszenierungen steht sie aber immer noch auf der Bühne. Das Theater ganz aufzugeben, das kann sie sich nicht vorstellen – das Leben wäre dann wohl doch etwas zu beschaulich. Woher sie die Kraft nimmt? Ursula Werner überlegt kurz, doch genau beantworten kann sie uns die Frage nicht. »Wenn ich die Kraft nicht hätte, müsste ich wohl überlegen, woraus ich sie ziehen kann. Aber ich habe sie, und solange ich sie habe …«

Nach dem Frühstück zeigt sie uns das Gelände rund ums Haus. Wir gehen hinüber zur Stepenitz, einem Nebenfluss der Elbe, der wenige Schritte neben dem Haus vorbeifließt. Die Stepenitz ist an dieser Stelle noch eher ein Bach, sie entspringt nur wenige Kilometer von hier. Der Weg zum Wasser wird vor allem für unsere Kameramänner

und deren Assistenten eine Herausforderung, denn man muss sich durch mannshohe Brennnesseln schlagen. »Ihr müsst die Arme hochnehmen, sonst verbrennt ihr euch«, rät Ursula Werner uns. So werden die schweren Kameras und Stative kopfüber getragen. Es lohnt sich, denn hinter dem Brennnesseldickicht wartet ein Bild wie aus »Tom Sawyer und Huckleberry Finn«. Am Ufer der Stepenitz stehen Erlen, die Schatten spenden, das Wasser ist kristallklar, der Blick auf die andere Uferseite geht auf ein freies Feld. Der Steg am Uferrand hat in der Vergangenheit ziemlich Schaden genommen. Als Ursula Werner hier einmal mit zwei Freundinnen stand, ist er unter der Last im weichen Boden zur Seite geknickt. »Er war so nachgiebig«, sagt Ursula Werner und lacht. Die heutigen Dreharbeiten übersteht er unbeschädigt. Ursula Werner steigt die Stufen einer kurzen Holzleiter ins Wasser hinab, auch unser Kameramann steht mit hochgekrempelten Hosen-

beinen im Wasser, um die besten Aufnahmen machen zu können. Eine
Kneippkur während der Dreharbeiten. »In der Stepenitz gibt es auch
Forellen und Lachse, ein Zeichen dafür, dass der Fluss sauber ist«, klärt
Ursula Werner auf. Doch ihr und unserem Kameramann wird es nun
doch etwas kalt an den Füßen. Zurück durch die Brennnesseln gehen
wir wieder zum Haus – wir haben etwas vor.

Ursula Werner will uns noch einen Ort zeigen, der ihr am Herzen
liegt: das Modemuseum in Meyenburg. Dafür zieht sie sich extra um –
Hose und T-Shirt werden gegen ein geblümtes Kleid getauscht. Am
Fahrradschuppen treffen wir uns wieder, denn das Fahrrad ist Ursula
Werners liebstes Fortbewegungsmittel, wenn sie hier draußen im Wald
ist.

Für Dieter Moor findet sich ein grünes Herrenrad mit Rücktritt-
bremse, Ursula Werner steigt wieder auf ihr Damenrad mit Einkaufs-

korb, und es geht zurück durch die Kiefernwälder, durch die wir gekommen sind, in Richtung Meyenburg. Rund 20 Minuten dauert es,
bis wir in dem kleinen Städtchen sind. Vorbei an alten Kastanien geht
es durch den Schlosspark auf das Modemuseum zu, das sich im alten
Schloss befindet. Ein roter Backsteinbau, die prächtige Fassade liegt im
schönsten Sonnenlicht. In den 1860er Jahren wurde die damals noch
mittelalterliche Anlage im Stil der Neorenaissance umgebaut. Die
neue Schlossherrin ist eine alte Freundin von Ursula Werner. Josefine
Edle von Krepl trägt wilde, ungebändigte rote Locken und geht uns
an diesem Tag mit einem grünen und einem gelben Gummilatschen
durch das Museum voran. »Ich habe Josefine als Schneiderin für mich
kennengelernt«, erzählt Ursula Werner. »Auch für Kolleginnen hat sie
besondere Kleider genäht. Das waren individuelle Entwürfe – so etwas
war zu DDR-Zeiten nicht leicht zu finden.«

Im Jahr 2006 hat die Sammlung historischer Kleidungsstücke von
Josefine Edle von Krepl in Meyenburg ein Zuhause gefunden. Über
5000 Kleider, Schuhe, Anzüge, Hüte, Broschen aus der Gründerzeit
bis in die siebziger Jahre – die Sammlung ist so groß, dass im Museum
nur ein Zehntel der Sammlung gezeigt werden kann. Josefine Edle
von Krepl hat in der DDR Modedesign und Journalismus studiert,
war in den siebziger Jahren als Redakteurin der Modezeitschrift »Für
Dich« tätig, später gründete sie eine private Modeboutique. 1989 ging
sie noch vor dem Mauerfall nach West-Berlin und nahm ihre damals
noch etwas kleinere Modesammlung mit – unter anderem wickelte sie
Geschirr und Töpfe darin ein.

Ursula Werner und Josefine Edle von Krepl kennen sich aus den
achtziger Jahren, als die Modeboutique »Josefine« eine Institution in
Berlin-Friedrichshain war, Künstler und Andersdenkende anzog –
auch Ursula Werner. »Dass wir hier nun wieder Nachbarn sind, ist
Zufall«, erzählt sie, »aber als ich von den Museumsplänen in Meyenburg erfahren habe, hat es mich sehr gefreut. Ich wusste ja, wie groß
Josefines Wunsch war, die Sammlung ausstellen zu können. Sie hat

fest daran geglaubt und deshalb die Sammlung auch immer zusammengehalten, wo auch immer sie hinzog.« So hat sich für beide hier, im nordwestlichen Zipfel Brandenburgs, ein Traum erfüllt: Josefine Edle von Krepl hat eine Heimat für ihre Sammlung, Ursula Werner ein Haus im Wald.

Wir gehen durch das liebevoll eingerichtete Museum, der Parkettboden knarrt leise – es ist ein Ort für eine kurze Zeitreise. Die Kleider, die Hüte, sogar die Schaufensterpuppen, alles ist aufeinander abgestimmt, auch die im Hintergrund spielende Musik passt zur Mode der Zeit, die der Betrachter sieht. Eine Wendeltreppe führt hinauf in den ersten Stock, dort erwartet einen zunächst Mode aus den vierziger Jahren. Nach einigen Schritten ist man in einem anderen Jahrzehnt angelangt … am Ende des Rundgangs stehen wir vor Vitrinen mit Mode aus den siebziger Jahren. Die Stoffe, die Schnitte – sie zeigen auch, wie schnell die Zeit vergeht. So kommen wir auf das Altern zu sprechen. Doch Ursula Werner sieht das Thema gelassen. »Es ist doch nur gerecht«, sagt sie. »Es gibt so wenig Gerechtigkeit im Leben, aber älter werden wir alle. Und wenn man älter wird, kann man sich immer noch am Anblick der Jüngeren erfreuen.«

Solche Sätze sind es, die einen sich wohl fühlen lassen bei Ursula Werner. Die innere Ruhe, die heitere Gelassenheit, die von ihr ausgeht. An diesem Tag ist sie uns so begegnet, als wären wir schon lange gute Kollegen. Als wir aus dem Modemuseum wieder an ihrem Häuschen anlangen, verabschieden wir uns. Zu siebt sind wir zu Dreharbeiten nach Stepenitz gekommen – und hatten das Gefühl, gern gesehene Gäste zu sein. Ein letzter Blick auf das versteckte Haus im Wald, Ursula Werner winkt uns zum Abschied. Die letzten Meter über den Waldweg zwischen Kiefern, dann haben wir wieder Asphalt unter den Rädern.

Steffen Prell

Ursula Werner   141

Dank

Wir danken allen Künstlerinnen und Künstlern, die für uns ihre Türen geöffnet oder uns zu ihren brandenburgischen Wurzeln geführt haben, wir danken den Autoren, den Kameramännern und Assistenten der Produktionsfirma Kobalt, Katharina Maus und Marek Weinhold, die Herz und Handschrift in die Sendung gebracht haben, Ingrid Elßel für Text- und Bildrecherche – und besonderer Dank geht an Dieter Moor, für den wir diese Sendung erfunden haben, der Kultur in Brandenburg mit uns gesucht und auf seine ganz persönliche, sympathische Art gefunden hat.

Liane von Pein, Christine Thalmann im Juli 2012

Fotos: Norbert Kron (S. 13, 14, 26, 46, 49, 53, 54, 88, 95)
Rundfunk Berlin-Brandenburg / Kobalt

ISBN 978-3-355-01805-0

Umschlaggestaltung: Verlag unter Verwendung eines Fotos
von Jean Schablin
Druck und Bindung: Salzland Druck, Staßfurt

Ein Verlagsverzeichnis schicken wir Ihnen gern:
Neues Leben Verlagsgesellschaft mbH & Co. KG
Neue Grünstraße 18, 10179 Berlin
Tel. 018 05 / 30 99 99 (0,14 €/Min., Mobil max. 0,42 €/Min.)

Die Bücher des Verlags Neues Leben
erscheinen in der Eulenspiegel Verlagsgruppe.

www.verlag-neues-leben.de